Weihnachten wie's einmal war

Erich Fuchs

Weihnachten wie's einmal war

Prominente erinnern sich

Steirische Verlagsgesellschaft

2. Auflage 2003

Umschlag: Siegfried Jesch
Druck: Druckerei Theiss GmbH, A-9431 St. Stefan
Gesamtherstellung: Steirische Verlagsgesellschaft m. b. H.

ISBN 3-85489-096-6

Inhalt

Die Macht der Erinnerungen ...

Jeder von uns trägt Erinnerungen an die Weihnachten der Kindertage in sich, wo das Warten auf das Christkind aufregender, das Glitzern des Weihnachtsbaumes strahlender und die Freude auf das Fest der Feste ungetrübter war als heute. Und wir sehnen uns nach einer Zeit, in der Hektik, Stress und Kommerz noch Fremdwörter waren und wir uns geborgen fühlten und sicher.
Was hat sich in all den Jahren und Jahrzehnten so verändert? Ist das Christkind anders geworden, weil es sich mit Santa Claus und ähnlichen Kommerzfiguren messen muss? Hat der Christbaum an Glanz verloren, weil seine Plastikäste nicht mehr alles tragen können, was uns schon Monate vor dem Heiligen Abend in der glitzernden Warenwelt als Xmas-Schnäppchen aufgedrängt wird? Ist das Christkind ein Auslaufmodell, weil die Aufmerksamkeit nur mehr auf die Geschenke gerichtet ist, die gestresst und lieblos in den überfüllten Geschäften gekauft werden? Vieles spricht dafür, dass aus der mystischen Heiligen Nacht nun eine leicht zu durchschauende Scheinheiligkeit wurde. Aus der stillsten Zeit ist die lauteste geworden, aus der „staden" Zeit eine fade, weil die spürbare Leere in uns durch nichts mehr gefüllt werden kann.

Dennoch ist Weihnachten – damals wie heute – eine Zeit, die auch Ruhe, Sicherheit und Geborgenheit geben kann. Davon erzählen prominente österreichische Persönlichkeiten, die uns an ihren Weihnachtserinnerungen und Gedanken teilhaben lassen. Es sind Erinnerungen an kleine und große Weihnachtswunder, lustige und traurige Begebenheiten, besinnliche und heitere Stunden unter dem Christbaum, es sind auch Gedanken, wie man für sich selbst die Advent- und Weihnachtszeit gestalten kann, um wieder den Sinn von Weihnachten erfahren zu können.

Ich habe mich in den Tagen vor Weihnachten stets an den Weihnachtsgeschichten von Peter Rosegger, Karl Heinrich Waggerl

und großer Literaten wie Rainer Maria Rilke oder Adalbert Stifter zu laben versucht, die mich mit ihren Erzählungen in eine längst vergangene Zeit mitnahmen und in mir ein behagliches Weihnachtsgefühl auslösten.
Dieses behagliche Weihnachtsgefühl konnte ich nun ein ganzes Jahr lang auskosten, in dem ich in ganz Österreich prominente Persönlichkeiten aufsuchte, um mit ihnen gemeinsam in langen Interviews nach Weihnachtsschätzen zu graben, die wertvoller als jedes Geschenk dieser Welt sind, weil sie Weihnachten wieder schöner und besinnlicher machen können. Dafür war mir auch kein Weg zu weit, kein Terminkalender eines potenziellen Interviewpartners zu dicht gedrängt und kein Management zu abweisend. Mit Sepp Forcher und Charly und Jokl Brunner habe ich hoch in den Alpen über ihre Weihnachtserinnerungen gesprochen, mit Dr. Helmut Zilk im obersten Stockwerk eines Wiener Hochhauses, mit dem steirischen Landeshauptmann Waltraud Klasnic in ihrem Regierungszimmer.
Kurz vor ihren Auftritten plauderten Rainhard Fendrich, Otto Schenk und Roland Düringer ganz entspannt über ihre Weihnachtserinnerungen. Privataudienz bekam ich bei Waltraud Haas, Toni Sailer und DJ Ötzi, der sich emotionale Unterstützung bei seiner kleinen Tochter Lisa-Maria holte. Mit Hansi Hinterseer unternahm ich weit nach Mitternacht eine romantische Reise zurück in die Vergangenheit. Mit Peter Steinlechner (Schürzenjäger) fand ich sofort den Knopf, um seine Erinnerungen einzuschalten, jedoch nicht den Drehknopf am Zeitlichtschalter seiner Garderobe und so entstand im stockdunklen Raum eine berührende Geschichte. Mit Nik. P. machte ich als Journalist eine neue Erfahrung, die ich in meinem Leben wohl nie mehr vergessen werde. Während des Interviews liefen mir Tränen über die Wangen, weil mich sein außergewöhnliches Schicksal bewegte, wie kaum eines zuvor. Manche Erinnerungen könnten Drehbücher für abenteuerliche Filme sein, wie beispielsweise Hans Dichands Erlebnisse auf einem Kriegsschiff.

Mein großer Dank gilt all den prominenten Menschen, die sich die Zeit genommen haben, über ihre privaten Weihnachtserlebnisse zu sprechen. Sie geben damit ihre Freude weiter, sie machen nachdenklich, regen an und stimmen auf das besondere Fest im Jahr ein. So hoffe ich, dass beim Lesen auch die eigenen Weihnachtserinnerungen wachgerüttelt werden und ein Stück Weihnachten wiederentdeckt wird.
In meinem persönlichen Fall geschah dies beim Erfassen der Interviews. Ich musste an einen Heiligen Abend vor sieben Jahren denken. Die Beziehung mit meiner Lebensgefährtin war in die Brüche gegangen, und mir war nicht gerade danach, Weihnachten im gewohnten Stil zu feiern, vor allem, da ich meinen siebenjährigen Sohn sehr vermisste. Dennoch besorgte ich mir den größten Christbaum, den es am Vortag des Heiligen Abends noch zu kaufen gab und erweiterte meine Christbaumkugelsammlung um eine schillernde Anzahl. Irgendwie hatte ich das Bedürfnis, diesmal einen besonders schönen Christbaum zu gestalten. Und das wurde er auch. Von oben bis unten waren die Äste voll behangen, vom Grün der Tannenzweige war nur mehr wenig zu sehen. Der Glanz der bunten Kugeln hellte auch meine Vorfreude auf den Heiligen Abend auf, der mir unvergesslich werden sollte.
Er begann mit üppigem Schneefall, den ich mir in den Jahren zuvor stets am 24. Dezember vergebens gewünscht hatte. Während dieser Herzenswunsch in Erfüllung ging, loderte ein anderer brennend in meinem Innersten. Zu gerne hätte ich mit meinem Sohn unter dem prächtigen Christbaum Weihnachten gefeiert. Und auch dieser Wunsch ging aus purem Zufall in Erfüllung. Ich war in diesem Moment außerordentlich froh, dass mein Junior den schönsten Christbaum geschenkt bekommen würde, den er je gesehen hatte. Doch irgendwie wollte Christoph nicht mehr so recht an das Christkind glauben. „Wie soll das eine Christkind allen anderen Kindern dieser Welt einen Baum und die Geschenke bringen?“, fragte mich mein Sohn. Auch mein Bemühen, ihn beim Besuch der Kindermette von der Existenz

der Christkinds zu überzeugen, vermochte seine Zweifel nicht zu zerstreuen. So standen wir vor der Tür zum Wohnzimmer, in dem der Christbaum stand. „Es gibt kein Christkind“, sagte er mir noch bestätigend, während ich gerade die Tür aufsperren wollte. In diesem Moment raschelte es unüberhörbar im Zimmer, als hätte wirklich noch jemand Hand an den Christbaum legt. Tief erschrocken blickte mich mein Kleiner an und betrat aufgeregt das Zimmer, in dem der Christbaum für uns beide strahlte.

In dieser Nacht wurde uns beiden vom Christkind gezeigt, dass es den Zauber der Weihnacht doch gibt. Auch wenn es sein kann, dass er im Laufe der Zeit schwächer wird, mit den Erinnerungen wird die Mystik und der Glaube ans Christkind stets lebendig bleiben. Die Weihnachtserinnerungen der prominenten Österreicher und Ihre eigenen werden es beweisen.

Erich Fuchs

Charly und Jokl Brunner alias Brunner & Brunner

Als ich keine Christtagsfreuden holen konnte

Weihnachten ist das Fest des Christentums, das in der stillsten und kältesten Zeit des Jahres angesiedelt ist, wenn die Tage kurz und die Nächte lang sind und die Sehnsucht nach dem Licht Ausdruck im Fest Christi Geburt findet. „Es war eine ruhige und geheimnisvolle Zeit“, erinnert sich Charly Brunner an seine Kindheit in den sechziger Jahren und fügt mit viel Wehmut hinzu: „Jeder kann sich glücklich schätzen, diese Zeit als besinnliche Weihnachtszeit miterlebt zu haben.“ Das Geld war knapp, Luxus ein Fremdwort, Menschen auf Menschlichkeit angewiesen. Man war damals auch, so der Eindruck der Sängers, auf das Schicksal anderer bedacht. Auch die Mutter von Charly und Jokl war eine herzensgute, verständnisvolle Frau, die nur das Beste für die anderen wollte. Als Geschäftsfrau war das nicht die allerbeste Eigenschaft. Neben ihrem Sinn für das Praktische war sie auch eine sehr phantasiebegabte Frau und holte sich das, was ihr das Leben nicht immer bieten konnte, aus ihrer romantischen Traumwelt. So verstand sie es auch, Weihnachten einen besonderen Glanz zu verleihen. „Sie hat diese Zeit noch geheimnisvoller gemacht mit ihren Geschichten und geheimnisvollen Geräuschen“, sagt Charly, der sich immer von seiner Mutter kurz vor der Bescherung auf den Balkon des schlichten Hauses locken ließ. „Lauft schnell raus, da draußen fliegt das Christkindl zum großen Licht“, rief die Mutter, die mit ihren Kindern auf den Balkon eilte. Gebannt blickten die Kinder auf den dunklen Berg, von dem ein geheimnisvolles Licht erstrahlte, das ihnen, bedingt durch ihre kindliche Aufgeregtheit, intensiver zu leuchten schien als alle Lichter, die sie kannten. Charly hätte wetten können, dass er dieses Licht, noch dazu in dieser Strahlkraft, noch nie zuvor wahrgenommen hatte. „Ich bin erst als erwachsener Mensch draufgekommen, dass dieses Licht das ganze Jahr von der Burg runterscheint, aber es is mir selbst als

Erwachsener noch so vorkommen, als würd es zu Weihnachten noch greller und strahlender leuchten."
Dieses Licht konnte es dennoch nicht mit dem Strahlen in den Augen der beschenkten Kleinen aufnehmen, die ihre Wunschliste nicht musikalisch, sondern sportlich angelegt hatten. Das Christkind hatte sich in dieser Zeit, wo Toni Sailer einen Triumph nach dem anderen feierte, längst daran gewöhnt, dass es Kindern mit zwei Bretteln die größte Freude bereiten konnte, damit sie ihren bewunderten Schiidolen nacheifern konnten.
Die ersten Schi unterm Christbaum waren, zumindest was Farbe und Aussehen betraf, höchst geeignet, um damit auf den Murauer Schipisten zu protzen. Die Qualität ließ allerdings noch zu wünschen übrig, denn die schnittigen Kinderschi hatten zwar aufgeschraubte Stahlkanten, aber noch keinen Belag, der ein wahrlich weltmeisterliches Gleiten ermöglicht hätte. Was leider zur Folge hatte, dass sich der Schnee zentimeterdick auf den Bretteln anlegte und der sportliche Eifer in herbe Enttäuschung umschlug. Die Schi gebärdeten sich als bockige Rutschlatten.
Jahre später hatte sich das Christkind von der technischen Weiterentwicklung in Sachen Wintersportgeräte überzeugen lassen und schenkte blitzblaue Schi mit Stahlkanten, Belag und Sicherheitsbindung. Damit fiel es Charly schon viel leichter, seine persönlichen Bestzeiten aufzustellen, auch wenn sie hin und wieder von seiner Müdigkeit beeinträchtigt wurden, die eine Folge seiner Frömmigkeit war. Denn mit dem ersten frühen Morgengeläut standen Charly und sein um drei Jahre jüngerer Bruder bereits in der Kirche, um zu ministrieren. Zur Advent- und Weihnachtszeit war der freiwillige Kirchendienst ein zeitraubender und mitunter auch gesundheitsgefährdender Ministrantenjob. Das sportliche Durchhaltevermögen hätten die beiden Brüder gehabt, doch das stundenlange Ministrieren mit nüchternem Magen war recht anstrengend. Denn vor der Kommunion zu frühstücken, war allen Gläubigen streng untersagt und daran hielten sich natürlich besonders jene, die durch ihren Dienst am Altar ja auch ein gewisses Vorbild waren. Wäre nur bei der Frühmesse zu minist-

rieren gewesen, dann hätte der Magen wohl knurren können, so viel er wollte. Doch an den Weihnachtsfeiertagen wollten die Messen kein Ende nehmen. Der Ministrantendienst erstreckte sich von der ersten Rorate bis zum letzten Hochamt, das kurz vor Mittag zu Ende ging. Zwischendurch durfte kein noch so kleines Brösel von einem Vanillekipferl gegessen werden, allein der Gedanke daran brachte manchen Ministranten zum Schwanken, der unfreiwillig vom Altar gehen musste, nachdem das Magenknurren in ein unangenehmes Schwindelgefühl umgeschlagen hatte. Für die kollabierten Ministranten wurde aus dem Fest von Christi Geburt in der Sakristei ein Auferstehungsfest. „Ich hab am eigenen Leib verspürt, was es heißt, ein praktizierender Katholik zu sein“, scherzt Charly Brunner. Das dürfte wohl auch der Kreisdechant zu schätzen gewusst haben, der seine Ministranten nach der Mette zu sich in seine Privatgemächer einlud, um sie zu beschenken. „Taschenlampen und Kugelschreiber hat's immer geben. Darüber haben wir uns sehr gfreut“.
Von Frömmigkeit und den beliebten Jesusbildern war auch das persönliche Christkindbild von Jokl Brunner geprägt. „Für mich hatte das Christkind immer eine starke Ähnlichkeit mit Jesus. Ein Mann mit langen Haaren, einem schönen Bart und einem verklärten Blick, der seine Hand schützend über mich hält.“

So fromm sich die Brüder auch gern gaben, hatten sie es doch auch faustdick hinter den Ohren. Und Gelegenheiten, Mut zu zeigen – oder zu kühlen – gab es reichlich. So durchschwammen besonders Mutige zum Beispiel die Mur gleich unterhalb der Stadt. Beliebt war auch das heimliche Rauchen am Schulklo. Wer erwischt wurde, dem war die Achtung der Mitschüler und die elterliche Ohrfeige sicher.
Einmal wollte der 14-jährige Charly den anderen als Krampus das Fürchten lehren. Die Sache war nicht ohne, denn man musste höllisch aufpassen, um nicht von den Ältern der eingeschworenen Bartlzunft erwischt und verdroschen zu werden. Wobei die Niederlage nicht so sehr an den folgenden blauen Flecken zu

messen war, sondern eher am Spott und Hohn, den man ertragen musste. Charly aber hatte sich nun einmal entschieden, zusammen mit einem gleichaltrigen Freund das Schicksal herauszufordern. Als Kostüm diente der dunkle Geschäftsmantel seines Vaters, übers Gesicht zog er sich eine Gummilarve, die er sich als Dekorationsstück aus dem Schaufenster geholt hatte. Und los ging's in die Stadt. Je weiter sich die beiden aber von Charlys Elternhaus entfernten, umso größer wurde das Unbehagen.
Auf der Murbrücke angelangt, war aus noch sicherer Entfernung ein teuflischer Radau auszumachen. Ketten rasselten und Kuhglocken, die sich die in Schafspelz gehüllten Halbstarken umgebunden hatten, läuteten das anstehende Kräftemessen zwischen den angestammten Krampussen und dem hoffnungsvollen Nachwuchs ein. Doch hatten die beiden „Jungteufel" ihren Mut etwas überschätzt, und als sie nun den immer näher kommenden Höllenlärm hörten, suchten sie ihr Heil in der Flucht. „Nur nicht eingeholt und dann entlarvt werden", dachten sich die beiden, die unter den Gummimasken nach Luft rangen. Eine dunkle Hausecke bot ihnen ein gutes Versteck, in dem sie Schweiß und Blut schwitzten. „Wir hatten eine Riesenangst und versteckten uns so lange, bis wir keinen von denen mehr sehen und hören konnten. Ich bin dann in den kommenden Jahren auf den Nikolaus umgestiegen, weil das war für mich angenehmer", schmunzelt Charly Brunner.

Doch es gibt Dinge im Leben, da kann man nicht so einfach davonlaufen, da muss man sich dem Schicksal stellen. Der wohl tiefste Einschnitt im Leben der Familie Brunner kam mit dem frühen Tod der Mutter. Schon als 33-Jährige erlitt sie einen Gehirnschlag und war danach halbseitig gelähmt. „Sie hat ihre Krankheit ohne zu jammern sehr tapfer ertragen", spricht Charly über seine Mutter, die er als herzensgute Frau würdigt.
In diesem Zusammenhang erzählt Jokl Brunner von einer Frau, die am Heiligen Abend in das Geschäft seiner Eltern kam, um für ihren Mann ein besonderes Geschenk zu kaufen. Ein aus feinster

Baumwolle geschneidertes Gloriettehemd sollte es sein, wie man es damals nur im Geschäft der Brunner bekommen konnte. „Nur die wenigsten konnten sich so ein teures Hemd auch leisten", erinnert sich Jokl Brunner. „Für das Hemd hat man ein Jahr lang arbeiten müssen." Die Kundin konnte sich das Hemd auch nicht leisten, fragte jedoch um eine Stundung des Kaufpreises. „Ich werd's sicher irgendwann im kommenden Jahr bezahlen kommen", sagte sie. Das genügte der gütigen Geschäftsfrau als Zusicherung und sie schenkte der Kundin auch noch ein schönes Seidenpapier zum Einpacken des Weihnachtsgeschenkes.
Ob dieses Hemd später je abbezahlt wurde, konnte sie allerdings nicht mehr erfahren, denn sie starb viel zu früh und mit ihr auch die kleine heile Familienwelt inmitten von Murau.

Schließlich ging auch das Geschäft immer schlechter, da die ersten Großmärkte in die Bezirkshauptstädte kamen. Das Zusperren war nicht mehr abzuwenden, damit auch die Verarmung der Familie, die jahrelang gut vom Geschäft hatte leben können.
Wie rasch sich das Schicksal ändern kann, musste Jokl am eigenen Leib erfahren. Nun war er derjenige, der darum bitten musste, seinen Einkauf schuldig zu bleiben. Als er mit der Milch, dem Brot und der Butter für die Weihnachtsfeiertage vor der Kassa stand, fiel ihm die Geschichte vom Peter Rosegger ein, die er einige Tage zuvor in der Schule gelesen hatte. Wie nah war er doch dem Waldbauernbuben, der sich 100 Jahre zuvor in einer ähnlich verzwickten Situation befunden hatte. Auch der junge Peter war von seinen Eltern zum Einkaufen geschickt worden, ohne dafür ausreichend Geld bekommen zu haben. Auf seiner Einkaufsliste standen Mehl, Schmalz, Salz, Germ, Zucker, Gewürze und Semmeln. Der Waldbauernbub hatte jedoch zu wenig Geld dabei, um alles bezahlen zu können. Dennoch bekam er alles mit auf seinen langen Nachhauseweg. Selbst das Geld für die Semmeln wurde ihm mitleidig geborgt. Der Langenwanger Greißler, bei dem der kleine Peter Rosegger das Geld

bis Ostern schuldig bleiben durfte, hatte ganz bestimmt viel weniger zu verschenken gehabt als der Supermarkt, in dem Jokl mit seinen paar Einkäufen für den spärlichen Festtagstisch vor der Kasse stand. Beim Zahlen streckte der Bub der Kassiererin jenes Bücherl in die Hand, in dem schon die Einkäufe der letzten Wochen aufgeschrieben waren. Bares hatte es schon einige Zeit nicht mehr gegeben.

„Hanserl“, so nannte die Frau an der Kassa den zweitjüngsten Brunnersohn „ich kann dir das nicht mehr geben, ihr habt schon sehr viel aufschreiben lassen und net bezahlen können.“ Das Einzige, was die Frau dem verdatterten Buben schenkte, war ein mitleidiger Blick. „Stell die Sachen wieder zurück ins Regal“, forderte sie den Buben nicht besonders leise auf, sodass es auch andere mitbekamen. In diesem Moment war sein historischer Leidensgenosse Peter Rosegger vergessen. Vielleicht auch deshalb, weil der damals gleichaltrige Peter mit dem Holen seiner Christtagsfreuden mehr Glück hatte, als Jokl, der nun unverrichteter Dinge nach Hause gehen musste. „Es war für mich die größte Schmach, alles wieder zurückzustellen. Ich werde es mein Leben lang nie vergessen, wie mir das bewusst geworden ist, dass es uns wirklich sehr schlecht ging.“

Die Bitterkeit der damaligen Situation hatte nachträglich gesehen auch etwas Gutes. „Für mich war dieser Moment wahrscheinlich sehr wichtig, weil ich mir geschworen habe, dass ich so etwas nie mehr wieder erleben möchte. Ich hab mich auch schon mit 12 Jahren mit Jobs über Wasser halten können. Bin um 4 Uhr Zeitungen austragen gangen, hab mein Geld als Discjockey und als Musiker verdient.“

Das Geldverdienen, um der Familie so eine Schmach am Heiligen Abend zu ersparen, spornte die Brüder vielleicht auch zu einer Karriere an, die aus ihnen unter dem Namen Brunner & Brunner das erfolgreichste Schlagerduo im deutschsprachigen Raum machte. Ein beispielloser Erfolg, der beiden vieles abverlangte. „Für mich stand die Arbeit jahrelang vor meiner Familie“, gesteht Jokl Brunner. „Ich habe in dieser Zeit Weihnachten auch als ein Fest gesehen, auf das man verzichten konnte, weil es nur von Konsum und Zwängen geprägt war. Ich habe an mir zu arbeiten begonnen, die Stille und Ruhe in mir gesucht. Ich habe versucht, mich an den Jahreszeiten zu freuen, nicht auf den nebeligen November zu schimpfen, sondern diese Stimmung positiv zu sehen, als würde nun die Zeit schlafen gehen. All das, wie man die Dinge sieht, ist nichts anderes, als dein inneres Spiegelbild. Nun bin ich innerlich reifer geworden, um die Weihnachtszeit so zu erleben, wie ich es als Kind erlebt habe", gesteht sich Jokl Brunner ein.

Zu den früheren und angenehmeren winterlichen Kindheitserlebnissen gehörte auch der Weg mit dem Großvater und dem Vater ins Gasthaus, wo er beiden beim Kartenspielen zuschaute. „Ich rieche noch den Duft der Pfeife, die sich der Großvater immer links in den Mundwinkel schob. Wenn dann die Tabakpfeifen zwischen den zusammengepressten Lippen unruhig geworden ist, konnten die anderen erahnen, dass sein Blatt kein ruhmreiches war", erzählt Jokl Brunner, der sich in diesem Zusammenhang auch noch an etwas anderes erinnert. Auf den Kachelofen war ein Hirsch aufgemalt, aus dessen Geweih ein strahlendes Kreuz ragte. „Das ist der Hubertushirsch", klärte der Großvater seinen Enkel auf. Er erzählte ihm die Sage, in der der Hirsch am Heiligen Abend mit den Menschen spricht, die ihm im Wald begegnen. Ist es nur Jägerlatein oder ist ein Funken Wahrheit daran, dass Tiere in der Heiligen Nacht mit dem Menschen sprechen können? Wer kann das wohl sagen? Aber Jokl meint: „I geh jetzt wieder am Heiligen Abend in den Wald, weil i glaub dran, dass ich den Hubertushirschen irgendwann einmal seh, weil ich hab ja auch das Christkindl und den Zauber der Weihnacht wiedergefunden."

Hans Dichand

Als das Kriegsschiff zum Christbaum wurde

Weihnachten 1941. Der junge Matrose Hans Dichand war weit von seiner steirischen Heimat entfernt auf dem Mittelmeer. Er kam, wie viele andere blutjunge Freiwillige auf dem Schiff, aus einer Gegend, die weit weg vom Meer war.
Am Himmel waren keine Sterne auszumachen, ein unheimliches Wetterleuchten verhieß nichts Gutes. Just in der Heiligen Nacht musste die Besatzung des Zehntausend-Tonnen-Schiffs unter deutscher Reichsflagge von Neapel nach Tripolis schiffen. Das ehemalige Handelsschiff war mit leichten Fliegerabwehrgeschützen aufgerüstet. Die Aufgabe der Besatzung bestand darin, Rommels Afrika-Korps mit Nachschub zu versorgen. Die Seeleute hätten gerne die Stille und Ruhe einer Heiligen Nacht genossen. Stattdessen stampfte und wankte das Schiff in der rauen See, hielten die Matrosen unermüdlich Wache. Angestrengt lauschten sie in die Finsternis, in der nichts Verdächtiges wahrzunehmen war. Kein Flugzeuglärm, sondern nur das Brausen und Rauschen des Wassers war zu hören. Ein kleines Tannenbäumchen mit weißen Kerzen war mit an Bord, das die Stimmung des Heiligen Abends verbreiten sollte. Doch wollte keine rechte Weihnachtsstimmung aufkommen, die Gefahren des Krieges waren viel zu gegenwärtig. „Wir hielten alle Rekorde an Schiffsuntergängen. Vier- oder fünfmal abgesoffen zu sein, war ganz normal", schildert Hans Dichand die Situation. Die Befehlshaber wussten jedoch, warum sie das Schiff in dieser Christnacht in See stechen ließen. In der stürmischen See schwankten nämlich die U-Boote, Torpedotreffer waren dadurch schwerer anzubringen. Und es war Heiliger Abend, der vielleicht ein bisschen Weihnachtsfriede bringen würde. Die Sehnsucht der Besatzung nach einer weihnachtlichen Verschnaufpause in einer schützenden Bucht war groß.

Mit den Ferngläsern starrte Hans Dichand auf den Vesuv, der in der Nacht gut sichtbar glühte, der letzte Ausbruch war noch nicht allzu lange her. In dieser Stimmung zogen an ihm Bilder und Weihnachtserinnerungen aus seiner Kindheit vorbei. Aufbauend waren diese Erinnerungen allerdings nicht, denn die Zeit war von Trauer und Einsamkeit überschattet gewesen. Sein ältester Bruder starb an Diphtherie. Die schöne Villa, die die Familie im Grazer Stiftingtal bewohnte, ging durch Fehlspekulationen mit Aktien und Intrigen in der Firma seines Vaters verloren. Eine Barackensiedlung wurde das neue Zuhause des Kindes. „Es war eine Slumsiedlung nahe der unverbauten Flusslandschaft der Mur“, entsinnt sich Hans Dichand, der auch das Bild jenes Mannes nicht aus dem Kopf bekommt, der als Betrunkener von seiner Frau aus der Behausung gewiesen wurde. Er fiel in die Mur, konnte sich ans Ufer retten und fror in der Kälte der Winternacht zu einem Eisklumpen.

Auch an das große und dennoch stets überbelegte Waisenhaus musste er denken. Durch die Gitterstäbe des hohen Zauns hatte er täglich die Kinder gesehen, denen es nicht so gut ging wie ihm. Kinder, die ihre Eltern verloren hatten. Allerdings sollte auch er bald spüren, wie sich Verlust und Einsamkeit anfühlt. Am schmerzhaftesten war für das Kind aber nicht die Armut, in die die Familie plötzlich geraten war, sondern die eigentliche Katastrophe war die drohende Trennung seiner Eltern. Streitereien ohne Ende waren an der Tagesordnung. Einmal, es war ein kalter Dezemberabend, fuhr Hans mit seinem Tretroller los und wollte nicht mehr zurückkommen. In einem Heustadel am Stadtrand übernachtete er, um tags darauf reumütig nach Hause zu fahren. Andere Eltern hätten sich um ihr Kind zu Tode gesorgt, doch seine Eltern war nicht einmal beunruhigt, sondern nur damit beschäftigt zu überlegen, wie sie ihr einziges Kind über Weihnachten an fremde Menschen abschieben konnten. Sie versuchten, eine Familie zu finden, mit der der Bub Weihnachten feiern konnte, denn daheim gab es keinen Christbaum und keine Geschenke. Gefragt wurden Bekannte und die Eltern seiner

Schulkameraden, ob sie ihrem Kind für ein oder zwei Tage eine Herberge geben könnten. Hans beneidete die anderen Kinder, weil sie Vater und Mutter stets um sich hatten, und er sehnte sich nach familiärer Geborgenheit. Der benachbarte Schuster am Siedlungsplatz hatte sieben Töchter und keinen Sohn. Hans verbrachte mehr Zeit bei dieser Familie als daheim. Und nicht einmal Weihnachten durfte er bei seinen Eltern verbringen. Die guten Gasteltern bemühten sich wohl, dem Kind ein schönes Weihnachtsfest zu gestalten, doch der verstoßene Hans hatte eine Mauer um sich gebaut. „Ich empfand nur eine tiefe Traurigkeit. Ich habe mich im Leben nie mehr so einsam und alleingelassen gefühlt, wie unter dem Christbaum fremder Leute.“

Ein Zischen riss den jungen Matrosen aus seinen Gedanken. Eine seltsame Erscheinung bot sich seinen Augen. Er erstarrte vor Überraschung. Kleine, blauviolette Flammen krochen wie ein Haufen aufgescheuchter Ameisen über die Schiffsbrüstung, breiteten sich auf den Geschützen aus, nahmen den Rest des Decks ein. Das riesige Schiff war überzogen von kleinen Flammen. Selbst auf der Kapuzenspitze seines Kameraden züngelte eines dieser unzähligen Lichter, die auch der orkanartige Sturm nicht auslöschen konnte. Er hatte offensichtlich keine Macht über sie, womit das plötzlich hereingebrochene Spektakel noch unheimlicher erschien. Auch auf den Masten standen diese Lichter in gespenstischer Ruhe. Ähnlich verhielten sich die Matrosen, die nie zuvor so eine Erscheinung gesehen hatten. So dürfte es wohl auch den Hirten ergangen sein, die sich vom hellen Kometen gleichermaßen verunsichern ließen, aber auch magisch angezogen fühlten. „Fürchtet euch nicht“, sagte der Engel des Herrn zu den Hirten und auch die Matrosen ließen sich vom plötzlichen Feuertanz nicht verängstigen. Eine Stunde lang dauerte die seltsame Erscheinung. „Wir haben in dieser Nacht gespürt, dass es noch etwas anderes gibt, als nur den Krieg.“
Ältere Matrosen entlarvten das Schauspiel als Elmsfeuer, an dem man sich nicht satt sehen konnte. Das ganze Schiff schien plötz-

lich ein sanft leuchtender Christbaum zu sein, der durch die Nacht fuhr und dessen Licht der starke Wind und das aufbrausende Meerwasser nichts anhaben konnten. Deshalb haben die Seeleute zu allen Zeiten im Elmsfeuer etwas Heiliges gesehen, deshalb wurde dieses Naturschauspiel nach dem Schiffspatron St. Elmo benannt. Streng physikalisch gesehen sind Elmsfeuer elektrische Entladungen, die auf Kanten, Spitzen und Masten in Form von kleinen Flammen ausströmen. Sie können im gewittrigen Wetter entstehen und bilden sich hauptsächlich auf dem Meer, aber auch auf Bergspitzen.

In der Antike galten die Elmsfeuer als unheilbringende Vorzeichen. In dieser Heiligen Nacht war es jedoch ein Weihnachtswunder, das den Matrosen zwar nicht den Christbaum ersetzte, aber den Glauben an den Zauber der Weihnachtsnacht bescherte.

Roland Düringer

Der Nikolaus und der KGB

„Es hot si im letzten Jahr viel verändert, seit i selbst a Kind hob", meint Roland Düringer über sein aktuelles Weihnachtsempfinden. „Wenn i mi zurückerinnere ans erste Weihnachten, da war i drei oder vier Johr olt. I hab nur große Augen ghabt und gwusst, da is wos los. Und i hob Gschenke kriagt, des war das Wichtigste. Das Drumherum war net so wichtig, muss i zu meiner Schande gestehen."

Der Christbaum war zwar schön anzuschauen, aber er war eben nur ein schönes Beiwerk zu den Geschenken. Darum widmete Roland dem Christbaum nur eher einen kurzen, kontrollierenden Blick, ob eh die „Schnapsflascherln am Bam" waren. Dass der Vater kurz nach dem Läuten schon im Wohnzimmer war, hat der Bub nicht wirklich wahrgenommen. „Da hot's schon so was wie an Glauben an des Christkind geben. Is a klar, wenn dir die Eltern irgendwas sagn, des glaubst ja, weil man ja a ka gegenteilige Meinung hat." So war es auch mit den Vanillekipferln, denn die durften von keinen neugierigen Blicken beim Backen im Rohr gestört werden, denn sonst war die Gefahr zu groß, dass sie sich geradebiegen würden.

Kaum ging Roland jedoch zur Schule, murmelte der Vater auch schon etwas von einem Christkindlschmäh. Vielleicht war es mit der Weihnachtsromantik bei den Düringers auch nicht so bestellt, wie man es bei einem Star gerne hören und sehen will. „Es wurde bei uns zuhause net gsungen und nur die Großeltern san immer weinerlich wordn, wenn's gmant haben: Wer was, vielleicht sans die letzen Weihnachten, die wir miteinander verbringen werdn. Des hob i 20 Johr lang ghört!", schmunzelt Roland Düringer. „An Christbam hot's a immer gebn, die Kerzen san angzündet worn, aber nach drei Minuten hat dann die Mutter schon gschrien, dass sie schnö odraht werden solln, weil sonst wird's no brennen."

Zeremonielle Pannen gab es in der Familie nie, die trotz spröder Romantik stets in friedlicher Harmonie feierte. Wenn es Überraschungen gab, dann lagen die unterm Christbaum, auch wenn Roland nach der weihnachtlichen Aufklärung seines Vater die Wunschzetteln ans Christkind direkt an den Vater reichte.
Schwierig war nun allerdings, dass er nicht abschätzen konnte, wie viel die Erfüllung eines Herzenswunsch kosten konnte und wie lange der Vater dafür in die „Hakn“ gehen musste, und darum war er sich einmal nicht sicher, ob er sich nun eine Modelleisenbahn oder doch ein Meerschweinchen vom Christkind wünschen sollte. „Für mich hat a Meerschweinchen gleich vül kost, wie die Eisenbahn, i hob mi schlussendlich aber do für des Meerschweinchen entschieden.“
Am Heiligen Abend war Roland tagsüber bei seinen Großeltern, damit sich zuhause in der kleinen Wohnung das Christkind breit machen konnte. „Des wor immer a Sensation, wenn i zu den Großeltern brocht woarn bin, weil di hobn schon an Farbfernseher ghobt und mir daham nur an Schwarzweißen. I hob dann von neine bis zum späten Nachmittag nur Fernsehn gschaut. Des hot ma taugt, weil damols hat's ja nur Mittwochs an Kasperl gebn und sonst die ganze Wochn nix. Aber am Heiligen Abend is scho vormittags mit dem Pan Tau losgangen“, merkt Roland Düringer an, der viele Jahre später in „MA 2412“, der erfolgreichsten Comedy-Serie Österreichs, einen schrulligen Beamten im Amt für Weihnachtsdekoration spielen wird.
Die Großeltern ließen ihrem Enkel auch die Freude des Weihnachtsfernsehens, hielt ihn das Fernsehen doch erfolgreich davon ab, sich mit Großmutters guten Mehlspeisen und Weihnachtskeksen den Hunger zu stillen. Den Appetit sparte sich Roland für das traditionelle Essen am Abend auf. Für den Vater und ihn gab es Fischstäbchen und für den Rest der Familie einen gebackenen Karpfen, den die Herren verschmähten. So lief der Heilige Abend Jahr für Jahr ab: Dauerfernsehen bei den Großeltern, Fischstäbchen, Glockerlläuten und die Gewissheit, dass jenes Geschenk unterm Christbaum liegen würde, das beim

Christkind bestellt worden war. Hatte der Vater die Bestellung wohlwollend angenommen, konnte Roland sicher sein, dass die Geschenkezustellung am Heiligen Abend klappen würde. So war er sich seiner Sache auch ziemlich sicher, dass diesmal ein Meerschweinchen unter dem Christbaum sitzen würde. Aber es gab eine ganz besondere Überraschung: Um den Christbaum ratterte eine Eisenbahn, auf der ein Meerschweinchen saß! „Pfau, do hob i gschaut, wie i de Eisenbahn a no kriagt hob, auf der des Meerschweinchen gsessn is. Wahnsinn, zwa Geschenke. I hob dann glei begonnen, des Meerschweinchen zu sekkieren." Leider war die Betreuung durch Roland anscheinend nicht so optimal, denn die Eisenbahn hat länger überlebt als das Meerschweinchen.

Roland war ein begnadeter Bastler. Alles, was sich bauen, kleben, schrauben und stecken ließ, entfachte seine Leidenschaft. Am Heiligen Abend aber wurde seine Geduld oft auf eine harte Probe gestellt – „Ich bin a so a ungeduldiger Mensch" –, wenn die Modellbausätze und Bausteine unter dem Christbaum förmlich schrien, noch in dieser Nacht vom jungen Meister höchstpersönlich neues Leben eingehaucht zu bekommen. „I hob immer die Auflage bekommen, dass i net am 24. Dezember zum Bastln beginnen derf. Aber daran hob i mi net gholten. I hob es Packl kriegt, hob nur gsagt, dass i kurz auf mei Zimmer geh und dann bin i oft am Heiligen Abend allan bis 5 Uhr in der Früh in mein Zimmer gsessen und hob bastelt und mit'n Lack gspritzt."

Dass gut gemeint nicht immer gut gemacht heißt, erlebte Roland ebenfalls an einem Weihnachtsfest. Roland besaß eine stattliche Anzahl von Cowboy- und Indianerfiguren, für die er gerne ein Wild-West-Fort gehabt hätte, aber eines, dass zu seinen Figuren passte, am besten aus Plastik. Das Christkind ließ sich nicht lumpen und der Großvater, der auch beim Schenken stets auf Qualität aus war, ließ ein solches Fort übers Christkind schenken. Allerdings nicht aus billigem Plastik gefertigt, sondern aus

Holz verarbeitet und in einer übergroßen Dimension, damit sich die Helden des Wilden Westens im Kinderzimmer seines Enkels genauso stark vermehren konnten, wie seine Modellautos. Die waren im Vergleich zum hölzernen und klobigen Fort maßstabsgetreu. „I hob mi einfach so kränkt, dass der Grovater so deppert war und net des kauft hat, was zu den Figuren passt. Des kann schon passieren. Aber i hab so kleine Figuren ghobt und a riesiges Haus mit hohen Türn, da bin i mir beim Spüln wie a Volltrottel vorgekommen, weil nix zsammenpasst hat."
Während sich Roland über das aus dem Rahmen gefallene Geschenk ärgerte, feierten die anderen indessen im Wohnzimmer Weihnachten und die Mutter hielt am darauf folgenden Tag die „Weihnachtspredigt". „Die hot mi am nächsten Tog gschimpft." Doch die Mutter war nicht die Einzige, die so manche Unart ihres Sohnes bekrittelte. Da kam in den ersten Dezembertagen stets auch jener Mann mit dem weißen Rauschebart, der, und das war dem Buben sehr suspekt, alles über ihn wusste. Dass der allwissende Nikolaus eher die lausbübischen Seiten des Jungen ansprach und das Gute in ihm in seinem schlauen Buch fast überblätterte, machte den Gabenbringer für ihn nicht sympathisch. „Ich hob mi vor dem eher gfurchten, des war nie was Schöns, weil als klans Kind waßt dann ganz genau, dass ma auf an Prüfstand steht, wo man brav und wo man schlimm war, und des braucht ma überhaupt net. Des wor eher a Druckmittel der Eltern, des hab i net wirklich gern ghabt. I hob Angst ghabt, weil der alles gwusst hat, wann ma schlimm war. Da kann ja eh glei aner vom KGB kummen, der sagt, i was alles, i hob Sie abghört."

Die Zeiten ändern sich und aus Kindern werden Erwachsene. Roland war von der Stadt aufs Land gezogen und wollte nun selbst für die Nachbarskinder Nikolaus spielen. Die nächste Nikolausdepression war vorprogrammiert. Roland hatte sich stilgerecht verkleidet und übte, als er zum Nachbarhaus ging, sicherheitshalber auch noch den typischen sonoren Tonfall. Außerdem überlegte er, wie er diese Rolle wohl anlegen würde und gelobte, den Kindern keine Angst einzujagen, sondern sie für ihr Bravsein zu belohnen. Noch schnell die Mütze tiefer in die Stirn geschoben und den Bart zurückgerückt, klopfte Roland der Nikolaus an die Tür des Bauernhauses, in dem die Kinder schon auf den erhofften Besuch warteten. „Da is der Bua zur Tür kumman, hat mi angschaut und zu den anderen im Wohnzimmer reingrufen, dass der Roland da is. Was sollt i no drauf sagen?“ Ohne darüber zu grübeln, ob der weiße Bart sein Gesicht nicht gut genug getarnt hatte oder ob er als Nikolaus durch seine Stimme entlarvt worden war, packte Roland die Geschenke aus dem Sack. Doch die größte Freude hatten die Kinder wohl an Rolands Besuch selbst, der an jenem Abend das Nikolauskostüm in den leeren Sack steckte, um es nie wieder hervorzuholen.

In den darauf folgenden Jahren kam er nicht mehr als Nikolaus, sondern als Christkind zu den Nachbarskindern. „Des hot mir total taugt, weil da hob i ihnen immer was Originelles gekauft, was sonst net kriegen würden, des war immer sehr lustig. Das Schenken ist des Schene an Weihnachten“, schwört Roland Düringer, der dabei sehr nachdenklich wird. „I bin jetzt in an komischen Alter, wo i sag, dass man sich früher leichter über Sachen hat freuen und über kleinere Dinge begeistern hat können, als heutzutag. Es gibt immer weniger Wunder. A für Kinder. I waß noch, wie wir den ersten Fernseher kriagt hobn, des war a Wahnsinn. I waß net, was jetzt kummen muaß, dass a Kind des empfindet, wos i damals beim Kastl empfunden hob. Früher, wenn a Kind in den Zirkus gangen is, dann war des was. Heute stirbt der Zirkus mit seinen Clowns aus, weil da a Übersättigung is. I war mit meinen Eltern a am Christkindlmarkt, da hot’s a nur an Christkindlmarkt am Rathhaus geben. Nun is in jedem Kaff a Christkindlmarkt, bei jedem Billa siachst as stehn, die des verkaufen, wos ma wirklich net braucht. Wenn die si mit dem Ramsch und dem Glumpert zu August hinstelln, dann würd ihnen des ka Mensch abkaufen, deshalb verliert Weihnachten an Strahlkraft.“

Doch zurück zu Rolands Jugendzeit. Auch wenn es ihm als Kind völlig egal war, ob es weiße Weihnachten gab oder verregnet grüne, so hatte er als 17-Jähriger die größte Freude am verschneiten Wien. Während sich im dichten Schneefall nur wenige auf die Straße trauten, drängte es den jungen Mann hinaus. „I war nur kurz daheim, hob auf Weihnachten angstoßen und bin dann in aner Partie furtgangen. In der ganzen Blodern san wir um Mitternacht ins Laaerberg-Freibad rodeln gangen. Wir san über die Mauer drüber und die ganze Heilige Nacht lang über den Hügel hinuntergschossen."
Anders sind die Erinnerungen an das Weihnachtsfest im Jahr davor. „I wor do 16, als i zu Weihnachtn furchtbar angsoffn war. I bin zu meine Freund gangen, die im sölben Bau gwohnt haben, die haben a schon um zehne die ganze Bescherung hinter sich ghabt. Wir haben uns dann im Zimmer von mein Freund eingsperrt und an Bauernschnapser gspült, bis höll worn is. Der Vota vom Peta hat uns dann außighaut, weil's der net so lustig gfunden hat, dass am Heiligen Abend Kartengspült wird", erinnert sich Düringer an seine, wie er sagt, „Scheiß auf Weihnachten-Phase".
Dieser Phase verdankt er auch seine Weihnachtsflucht nach Hawaii. „I wollt's einmal ausprobieren, net zu Weihnachten und Sülvester do zu sein, obwohl i Weihnachten scho mit koltem Wetter verbinde." Der Heilige Abend wurde noch mit den Eltern verbracht, am Christtag saß Roland Düringer bereits im Flieger und träumte von den langen weißen Sandstränden von Waikiki, wo er nur die Spuren der eigenen Füße im Sand und ja nichts von Weihnachten sehen wollte. Aber die Überraschung war groß: „Mitten am Strand is a riesiger Christbam gstanden und irgendaner is bei 30 Grad als Santa Claus herumspaziert, da krampfst di schon ei."

Mittlerweile hat Roland Düringer mit Weihnachten so etwas wie einen Weihnachtsfrieden geschlossen. „Wir wohnen jetzt am Berg, wo die Leut durch den Wald zur Mettn gehen. Es is am

Land überhaupt alles ruhiger und langsamer und Weihnachten is vül mehr a Familienfest.“

Auch die Zeiten sind vorbei, als Roland Düringer als Erwachsener keinen Christbaum zu Hause stehen hatte. „I hob den Sinn net darin erkennen können, dass ma sich a Leich ins Zimmer holt und die a no ansingt. Dem Bam geht's draußen viel besser, als drinnen im Haus, wo er verdirrt. Aber wenn ma a Kind hat, dann geht's überhaupt net, dass ma Weihnachten net passieren lässt.“

Rainhard Fendrich

Der Bub mit dem hübschen Mariengesicht

„Es ist eine traurige Weihnachtsgeschichte, die ich ihnen erzähle, denn meine persönliche Weihnachtserinnerung ist keine schöne“. Mit diesem Satz setzt sich ein von einem Aufenthalt in seiner Wahlheimat Mallorca braun gebrannter Rainhard Fendrich zu mir und beginnt, von einem Erlebnis in den siebziger Jahren zu erzählen. Eine wahre Begebenheit, die der tragischen Geschichte „Das Mädchen mit den Schwefelhölzchen“ ähnelt. In diesem Märchen von Hans Christian Andersen saß am Silvesterabend ein armes Mädchen ohne wärmende Kopfbedeckung und mit nackten Füßen frierend auf der Straße, um Schwefelhölzer zu verkaufen. An der kleinen Flamme eines Zündholzes versuchte sie sich zu wärmen, doch die Flamme brannte nicht lange und immer wieder zündete sie sich ein Streichholz an, bis sie schließlich den letzten Streichholzbund verbrannte. Und in diesem letzten Licht vermeinte sie, die Wärme und Geborgenheit einer nie gekannten Weihnachtszeit zu erleben. In den kalten Morgenstunden des Neujahrstages fand man das kleine Mädchen mit roten Wangen und mit einem Lächeln um den Mund. Es war tot. Erfroren am letzten Tag des alten Jahres.

Rainhard Fendrich erinnert sich an die letzte Weihnachtswoche im Jahr 1978. Es war außergewöhnlich kalt in der Stadt, nicht einmal den Hund hätte man bei den frostigen Temperaturen auf die Straße geschickt. Umso mehr fiel der kauernde Mann an der Ecke zum Naschmarkt auf. Rainhard Fendrich hatte sein erstes Engagement am Theater an der Wien, das sich gegenüber dem Naschmarkt befindet. Jedes Mal, wenn er an diesem alten Mann vorbeikam, grüßte Rainhard. Diesmal war sein Gruß an den Obdachlosen, der ihn mit seinen langen weißen Haaren und dem schneeweißen Rauschebart irgendwie an die Weihnachtszeit und den heiligen Nikolaus erinnerte, noch freundlicher als sonst.

„Wir sind vorbeigegangen, manche meiner Kollegen haben ihm etwas zum Essen gegeben.“ Obwohl seine Kleidung zerschlissen war, machte der alte Mann nicht unbedingt den Eindruck eines Sandlers, vielleicht lag es daran, dass er nach der Schrift sprach und irgendwie sehr kultiviert wirkte. Er war ein Mensch, der nicht mehr in die Gesellschaft zurückwollte, weil er zu viel Ablehnung erfahren hatte. Nur ein einziger entscheidender Fehler hatte sein ganzes Leben geprägt. Denn er war Flugzeugkonstrukteur während des Dritten Reiches gewesen. Nach dem Krieg hatte er darum keine Arbeit mehr bekommen, und er wurde recht bald mittellos. Sein einziger Luxus bestand darin, dass er den Platz vor dem Theater mit keinem andern Armen dieser Stadt teilen musste, denn über die Belüftung des Theaters strömte warme Luft ins Freie, wo er an kalten Tagen wenigstens etwas Wärme erhaschen konnte, und wo er nachts sein Bett in einer Waschmaschinenschachtel bereitete. Dieser Anblick brachte einen der Schauspieler auf die Idee, dem Mann doch ein besonderes Christkind zu machen, und so wurde unter dem Schauspielerensemble spontan etwas Geld gesammelt. Davon wurde eine Flasche Scharlachberg gekauft, die dem Mann am letzten Spieltag vor Weihnachten, am 23. Dezember, geschenkt wurde. „Diesen Moment werde ich mein ganzes Leben lang nicht vergessen. Bis heute habe ich keinen anderen Menschen getroffen, der sich so gefreut hat, wie der Mann über dieses Weihnachtsgeschenk. Wir haben uns zwar nicht abgebusselt, weil doch eine gewisse Distanz da war, doch der Moment war einfach wunderbar.“
Zwei Tage später spielte Rainhard Fendrich wieder am Theater und ging an jener Ecke vorbei, an der der alte Mann sonst immer gesessen war. Doch der Platz war leer. Wie er später erfuhr, war der Mann am Heiligen Abend in der eisigen Kälte der Großstadt erfroren. Neben dem Toten war die leere Scharlachbergflasche gelegen. Im Theater an der Wien war am Heiligen Abend spielfrei gewesen und so war auch nicht geheizt worden und keine warme Luft hatte auf das kleine Straßenfleckerl strömen können,

das der stets lächelnde Mann, „besessen“ hatte. „Ich habe mir damals geschworen, wenn ich einmal die Möglichkeit habe, solchen Menschen zu helfen, dann mach ich es auch.“ Rainhard Fendrich hat dieses Versprechen mit seinem Einsatz für Obdachlose gehalten.

Doch nun in die Kindheit des in Wien geborenen Fendrich, der Weihnachten öfters am Rössingerhof in der steirischen Ramsau verbrachte. Die Weihnachtsferien konnte der Schüler des strengkatholischen Knabenseminars meist kaum erwarten, weil dann endlich die „furchtbare“ Adventzeit vorbei war.

In ein Knabeninternat zu gehen, ist von Haus aus nicht angenehm, doch die wenigen Wochen vor Weihnachten waren für ihn „wie die Hölle“, wie sich er heute noch mit Schaudern erinnert. Dabei hatte es der Religionsprofessor nur gut mit seinen Schülern gemeint, die beim großen Krippenspiel mitmachen durften oder vielmehr dazu gezwungen wurden. Denn es gab kein Mitspracherecht bei der Inszenierung und schon gar keines bei der Besetzung: „Die Regie vom Professor war grässlich, die Dramaturgie katastrophal und mein Auftritt eher peinlich“, gesteht Fendrich, der wegen seines zarten, mädchenhaften Gesichtes immer die heilige Maria verkörpern musste, die ausdauernd vor der Holzkrippe knien und dabei noch entspannt lächeln sollte. Wahrlich eine Rolle, die nicht durch große Textpassagen und Charakterstärke auffällt und für einen heranwachsenden Knaben eher demütigend ist. „Es war so erniedrigend, immer die Maria spielen zu müssen, nur weil i der Hübscheste mit dem zarten Gesicht in der Klass war. Die Maria werd ich sicherlich mein ganzes Leben lang nicht mehr spielen.“

Auf der mehrstündigen Reise von Wien in den steirischen Weihnachtsurlaub erzählte der Bub dann seiner Familie kein Sterbenswort von der alle Jahre wiederkehrenden Adventschmach in der Schule.

Mit von der Partie, wenn’s in die Ferien ging, war bei den Fendrichs stets ein ganzer Zoo, denn Rainhard wollte weder die

Schildkröte noch die beiden Meerschweinchen Clarence und Fransiska und schon gar nicht den Rauhaardackel Chipsy zu Hause zurücklassen. Wenn die Familie schon gemeinsam Weihnachten feierte, dann gehörten auch die Tiere dazu. Für einen vorweihnachtlichen Brauch allerdings reichte die Urlaubszeit nicht aus: das traditionelle Christbaumstehlen, da man dafür zu spät anreiste, aber als Entschädigung durfte dann das „Diebische" beim „Sauschädlstehlen" in den Energieferien ausgelebt werden. Was aber zur Weihnachtszeit gehörte, war der Besuch der Christmette, wo auch die Kinder mitgehen durften. Und so stapfte die Stadtfamilie am Heiligen Abend mit ihren Gastgebern in die rund sieben Kilometer entfernte Ramsauer Kirche. Der Fußmarsch hin ging noch einigermaßen, doch beim Nachhausegehen nach der langen Mitternachtsmette waren die Kinder dann meist schon recht müde.
Wenn Anneliese Knaus, auf deren Hof die Fendrichs ihren Urlaub verbrachten, an die vergangenen Zeiten zurückdenkt, fällt ihr auch ein, dass sie mit Rainhard Fendrich, als dieser noch ein kleiner Bub gewesen ist, in der Heiligen Nacht den großen Schlager dieser Zeit – „Liebeskummer lohnt sich nicht" – gesungen hat. Und irgendwie passte dieser Sommerschlager in den Winter, denn Liebeskummer kann derart ans Gemüt gehen, wie die Kälte einer rauen Winternacht.
Ein anderer, aber nicht minder heftiger Schmerz, ist der Trennungsschmerz – und Rainhard litt immer sehr darunter, wenn die Weihnachtsferien zu Ende gingen und es hieß, Abschied zu nehmen. Traurig verabschiedete er sich von jedem Tier im Stall und beim Hofhund Flocki, dem er versprach, auf jeden Fall und möglichst rasch wiederzukommen. Dieses Versprechen hat Rainhard Fendrich auch eingehalten, als er schon ein großer Star war. Ganz Ramsau war auf den Beinen, als sich der Hitparadenstürmer und „Herzblatt-Verkuppler" zum Blitzbesuch bei seiner Urlauberfamilie Knaus vulgo Rössinger ansagte. Am Hof warteten besonders viele Mädchen, die anfangs sichtlich sehr ent-

täuscht waren, als der Rainhard nicht zu ihnen, sondern zuerst zu den Tieren in den Stall und dann zu den Fans ging.

Seine große Karriere als Musiker verdankt Rainhard Fendrich eigentlich dem Christkind und seinem Vater, der dem musikalischen Faible seines Sohnes lange Zeit nichts abgewinnen konnte, ihm aber dennoch kurz vor seinem 15. Geburtstag eine Gitarre unter den Christbaum legte. Auf Raten stotterte der Vater, ein Bahnbediensteter, diese Anschaffung ab. Doch gerade diese Gitarre prägte das Leben des jungen Fendrich. „Ich habe damals zu spielen begonnen, ohne dass ich mir einen Lehrer habe leisten können. Aber ich konnte mich von dem Instrument einfach nicht mehr trennen." Für die Familie war die Anschaffung der Gitarre ein Luxus, doch im Nachhinein erwies sie sich als die beste Investition in das kreative Potenzial des Sohnes.
Und wie hält es Rainhard mit luxuriösen Geschenken bei seinen eigenen beiden Söhnen? „Ich versuche, meinen Kindern vieles zu geben, weil ich net nein sagen kann, aber ich versuche zu erklären, dass nicht alles selbstverständlich ist. Ich binde sie so weit wie möglich in meine kreative Arbeit ein und lass sie auch auf meine Schattenseiten schaun. Ich zeige ihnen meine Misserfolge, zeige ihnen auch meine Lieder, die ich weggeworfen habe."

Unter den vielen Liedern, die Rainhard Fendrich in seiner langen Karriere veröffentlicht hat, ist auch eine besondere Weihnachtsrarität, nach der Fendrich lange gestöbert und die er schließlich in einer Bibliothek gefunden hatte. Es sind die Originalnoten zu „Stille Nacht, Heilige Nacht", dessen Geschichte für Musiker genauso faszinierend ist, wie das Lied selbst. So wie Joseph Mohr und Franz Gruber im Jahre 1818 in ihrer erstmaligen Aufführung improvisieren mussten, weil die Orgel in der Oberndorfer St. Nikolaus Kirche ausgefallen war, spielte Rainhard Fendrich auf der Gitarre die Urversion und sang mit einem Freund das Original des ewigen Liedes, das auf der ganzen Welt

in den unterschiedlichsten Versionen gespielt und gesungen wird. Fendrich hat eine Vorliebe für traditionelle Weihnachtslieder. „Mit amerikanischen Weihnachtsliedern habe ich so mein Problem“, gesteht er, „da ist mir ‚Es wird scho glei dumpa‘ schon viel lieber“.
Den amerikanischen Plastikchristbäumen kann er dagegen viel mehr abgewinnen. „A wenn du s’ angreifst merkst nur schwer den Unterschied zu an echten Bam. Die riechen sogar nach Tanne, nur die Nadeln kannst net ausreißen. Dafür brennen s’ net, sondern gloßen nur.“ Wo immer Rainhard Fendrich auf dieser Welt Weihnachten feiert, es gibt immer einen Christbaum mit echten, duftenden Bienenwachskerzen und einen Karpfen oder zumindest einen gebackenen Fisch. „Die Weihnachtsstimmung kann man überall erleben, denn des mit dem Schnee und Weihnachten ist doch nur eine österreichische Interpretation. Weihnachten ist dort, wo man sich bei Freunden zuhause fühlt. Es geht auch nicht darum, fundamentalistisch Weihnachten zu feiern, sondern es geht um das Gefühl der Geborgenheit, des Zusammenseins und des Friedens, und wenn es nur für ein paar Stunden ist. Weihnachten ist etwas Schönes, das für mich jedoch als Mutterleibsgefühl und Heimatgefühl verloren gegangen ist. Es ist für mich die Zeit des Nachdenkens, wo komm ich her, wo geh ich hin – und dazu brauch i keine Vanillekipferln, des geht mit Doughnuts a!“

Sepp Forcher

I hob a Wunder gsehn

Sepp Forcher ist im südtirolerischen Pustertal als Sohn eines Hüttenwirts in sehr ärmlichen Verhältnissen aufgewachsen, wo man daher Weihnachten nicht gerade üppig feierte. Obwohl er auf den Almbergen groß geworden ist, wo sich der Winter oft ein halbes Jahr lang niedergelassen hat, gab es für ihn zu Weihnachten weder Schier noch eine Rodel als Geschenk. Dennoch schürte das beim Buben keinen Neid auf die anderen, die sich ihre Freizeit abwechslungsreich mit den Spielsachen vertreiben konnten, die sie vom Christkind geschenkt bekommen hatten. Das Geld der Wirtsleute reichte nicht einmal aus, um dem Buben neue Kleider zu kaufen. Zum Glück halfen da andere aus, wie die Mutter vom befreundeten Bäckersbuben, die dem Sepp zur Weihnachtszeit einen Kurzarm-Pullover von ihrem Sohn mit auf die Alm schickte. „Mit dem hatte ich so eine Freude“, erinnert sich Sepp Forcher. „Den gstrickten Pullover hab i dann tragen, bis er mir schon sehr auffällig nicht mehr gepasst hat. Spielsachen oder a neues Gwand hab i einfach net gekannt.“

Vom Freund unten im Tal bekam er aber nicht nur den getragenen Pullover geschenkt, sondern bei ihm konnte er einmal auch ein bis heute unvergessliches Weihnachtswunder erleben. Es war am Christtag, als Sepp von seinem Schulfreund zum Spielen eingeladen wurde. Auch wenn der Freund mit keiner Silbe verraten hatte, dass auf den Sepp eine Überraschung warten würde, freute sich dieser schon sehr auf den vereinbarten Tag. Die Vorfreude ließ auch den beschwerlichen Weg durch den tiefen Schnee zum Vergnügen werden. Selbst die Kälte konnte ihm nichts anhaben, zu sehr war er damit beschäftigt, sich auszumalen, was er wohl beim gut behüteten Schulfreund zu sehen bekommen würde. Als er dann die schwere Haustür öffnete und eintrat, hörte er ein leises Zischen und ein nicht definierbares

Rattern. Beide Geräusche konnte er selbst in seiner blühendsten Fantasie nicht einordnen. Doch als er die seltsame, sich am Boden dahinschlängelnde, zierliche Blechschlange sah, war es für ihn wie ein unfassbares Wunder: eine Spielzeugeisenbahn! So etwas hatte er noch nie gesehen. „I hob mir in den Moment gedacht, das is so was Besonderes, des krieg i mein Lebtag nie, ich hab es wirklich als Wunder hingenommen." So gerne er auch mit dieser Eisenbahn gespielt hätte, neidisch war er nicht auf seinen Freund, dessen Wunsch ans Christkind auch diesmal wieder in Erfüllung gegangen war.

Der Sepp konnte von in Erfüllung gegangenen Wünschen nur träumen, selbst wenn sie ans Christkind gerichtet waren. So gerne hätte er ein Spielzeugauto aus Blech gehabt, mit dem er das moderne Leben im Tal in seinem kleinen Dachzimmer hätte nachspielen können. Seinen Wunsch ans Christkind formulierte er recht vorsichtig. Er wäre schon mit einem Spielzeugauto, das aus Blechdosen gebastelt wäre, zufrieden gewesen. Und wirklich lag unterm Christbaum ein Geschenkspackerl, das von der Größe und Form her nur die Erfüllung des ersehnten Spielzeuges sein konnte. Ein Onkel, der die Almwirtefamilie zu Weihnachten besuchte, hatte das Packerl mitgebracht. Sepp nahm sich mit strahlenden Augen vor, dem guten Mann dafür großen Dank zu zeigen. Doch aus den strahlenden Augen wurden weinende, denn im „trügerischen Packerl" waren lediglich Orangen drinnen, ein damals wertvolles Geschenk, das über die bittere Enttäuschung dennoch in keiner Weise hinwegtrösten konnte. So blieben die Geschenke in den Kinderjahren stets die Gleichen, von der Mutter gestrickte Handschuhe, Wollsocken und Pulswärmer.

Doch einen Vorteil hatte die Weihnachtszeit daheim dennoch – die köstlichen Marmeladenkekse der Mutter und die Vanillekipferln, die nur die Großmutter so gut machen konnte. „Bei den Nachbarsleut hat's immer nur a paar Bratäpfel geben, dazu harte Backkeks und das war's auch schon", erinnert sich Sepp Forcher an die ansonsten karge kulinarische Weihnachtszeit. „Mei Muater hat so Keks gmacht, mit gfüllter Marmelade und mit an Ringerl in der Mitten. Jetzt macht mei Frau, die Heli, genau di Keks, wenn's ma folgt", lacht er.

Gerne und mit einem Lächeln auf den Lippen denkt er an das schönste Ritual seiner Kinderweihnacht, das Christbaumstehlen. „Der Bam is immer gstohlen worden, des war schon a Selbstverständlichkeit, das ma so wos net kauft", rechtfertigt der bekannte ORF-Moderator den seinerzeitigen Auftrag seines Vaters. Und da es nicht nur auf der Alm, sondern auch in den Almwäldern keine Sünd gibt, wäre damals auch keiner von den Bauern auf die Idee gekommen, einen „Christbaumdieb" anzuzeigen. Wie sich so vieles bei den Bergbauern von Generation zu Generation vererbte, war es auch hier ein ungeschriebenes Gesetz, dass keiner der Bauern den Christbaum aus dem eigenen Wald holen ging. Den beschaffte man sich beim Nachbarn und dieser wieder bei seinem, wodurch der Weihnachtsfriede nie gestört wurde. Trotzdem übte man sich beim „Stehlen" in aller Vor- und Rücksicht. Der junge Forcher ging stets in einer Vollmondnacht in die Wälder, einerseits um seine ungestörte Seelenruhe zu haben und um andererseits der anspruchvollen Art seines Vaters beim Christbaumholen auch gerecht zu werden. „Der Vota hat si immer eine Tanne eingebildet, weil er darauf aus woar, dass alle Äste so grad sind und dieses Ebenmaß für ihn einen schönen Christbaum ausmachte."
Jedes Jahr stapfte der Sepp mit dem Auftrag, genau so eine Tanne zu finden, stundenlang und mutterseelenallein durch den Schnee. „Schön waren die Bäume alle, besonders im Mondenschein". Wenn der tiefe weiße Schnee die Bäume bedeckte und dieses Kleid im Mondlicht wie Zucker und Edelsteine flimmerte, war sich der Bub sicher, diesmal einen ganz besonders schönen Baum mit nach Hause gebracht zu haben. Doch stets war die Überraschung zu Hause groß, denn immer war es ein kleiner buschiger Fichtenbaum, der dem Kind besser gefallen hatte, als

die Tannen, die weniger Äste hatten. „Des is für mi heut no so, wie damals als Kind, dass a Bam, so wie er gwachsen is, genau in der Statur in die Stubn reingehört." Um nicht zu sehr in die Natur einzugreifen, schnitt der junge Forcher den Fichtenchristbaum mit seinen klammen Händen stets aus einer Baumgruppe heraus, um den anderen, die nicht die Ehre hatten, als Christbaum aufgeputzt zu werden, ein besseres Weiterwachsen zu ermöglichen. Der Auserkorene aber hatte das Privileg, als erster Christbaum der Saison Freude zu bereiten. Denn Weihnachten wurde in der Familie schon ein bis zwei Tage vor dem Heiligen Abend gefeiert, um sich zu den Feiertagen ungehindert den Gästen widmen zu können. Dem Buben, der als Einzelkind in der gastfreundlichen Almhütte aufgewachsen war, war es egal, weil das Datum für Kinder sowieso keine Rolle spielt. So war dann der Heilige Abend bei den Forchers beinahe ein ganz gewöhnlicher Tag, an dem die Urlauber aus dem hohen Norden Deutschlands anreisten. Sie kannten die alpenländische Art Weihnachten zu feiern nicht und hätten sich wahrscheinlich auch schwer getan, sich auf diese Feier einzustimmen, bei der auch gebetet und gesungen wurde. Als Sepp Forcher später selbst Hüttenwirt wurde, blieb das „Weihnachtenfeiern" weiterhin ein unangetastetes Privileg der Familie, die ihre Gasthütte auch erst nach Weihnachten aufsperrte. „I hob mi nie als Missionar gsehn", meint der Fernsehmoderator. „Jeder soll nach seiner Fasson glücklich werden und auch mich tunlichst mit Bekehrungsversuchen in Ruhe lassen."
Anders verhielt es sich allerdings mit dem Karfreitag. Da wurde rigoros jede Fleischspeise von der Kreidetafel an der Eingangstür gestrichen und durch Kaiserschmarren ersetzt, der am strengen Fasttag nicht nur den Katholiken, sondern auch den Anders- und Nichtgläubigen geschmeckt hat.

Als Sepp Forcher dann selber Kinder hatte und ein Schicksalsschlag einen Sohn aus der Familie riss, wollte er Weihnachten anders zelebrieren und der gefühlvollen Stimmung der Alpenländer entfliehen. „Ich hab mir damals gedacht, Madeira kommt mir gerade recht. Mitten im Atlantischen Ozean wird die kitschige Weihnachtsflut wohl nicht auf Gleichgesinnte, die nur in Ruhe gelassen werden wollen, überschwappen." Doch es sollte anders kommen, denn in den Gassen war nur ein Gedröhne von deutschen Weihnachtsliedern zu hören. „Ich hab bis zu diesem Zeitpunkt gar nicht gewusst, dass ‚Oh Tannenbaum' 23 Strophen und noch mehr hat." Die ganze Stadt war am Heiligen Abend auf den Beinen und hielt mit ihrer südländischen Art, das Weihnachtsfest sehr schrill zu feiern, auch das Ehepaar Forcher die ganze stille, heilige Nacht munter. Und nicht einmal ein Schimmer von einem Christkind war zu sehen. So ist es beim einzigen Versuch geblieben, Weihnachten zu Hause zu entfliehen.

Sepp Forcher hat inzwischen viele wundervolle Weihnachtsfeste verbracht und auch viele Wünsche sind in Erfüllung gegangen. Die Erfüllung eines Herzenswunsches aber ist ihm das Christkind noch immer schuldig geblieben. Das Blechspielzeugauto ist es nicht mehr, auch wenn der Wunsch aus jener Zeit stammt und im Lauf der Zeit neue Aktualität erlangt hat, denn noch heute hört man Sepp Forcher in seinen unverkennbaren weißen Rauschebart brummen: „Ich möchte oamol in mein Leben zu Silvester schlafen können. Meine Eltern haben mi immer zu Silvester um halber Zwölfi aus dem Bett gholt, damit i den Gästen in der Stubn a guates neues Jahr wünsch. Beim Aufstehen war i oft den Zornestränen nahe, ober i bin holt do runtergangen in die Stubn." Wirtsleute wissen eben, was den Gästen gefällt. Doch einmal aufgestanden, wäre der Sepp dann natürlich gerne länger aufgeblieben, denn „i wär ja so gern no aufblieben, weil die Erwachsenen a bisserl lustiger waren und Sachen erzählt haben, die an Buam interessiert haben. Sochen, die net unbedingt für Kinderohren gedacht woarn. Aber der Vota hat mi glei wieder ins Bett gschickt, wo i dann wieder alloa ins neue Jahr hinübergschlafn bin."

Doch zurück zur Weihnachtszeit, denn da macht sich Sepp Forcher so seine Gedanken über diejenigen, die Weihnachten in Einsamkeit verbringen. „Es braucht sich niemand am Heiligen Abend selber Leid tun, wenn sich keiner um ihn kümmert, wenn auch er sich das ganze Jahr über um niemanden kümmert. Wenn einer ein armer Hund ist und den Heiligen Abend besonders hart empfindet, weil ihm seine Mutter oder das familiäre Gefühl abgeht, dann soll er sich überlegen, warum das so ist, ob nicht auch er daran beteiligt ist. Es gibt natürlich a arme Menschen, die es nicht zeigen, die von Natur aus a Kontaktscheue haben. Die sitzen halt da und sind Opfer des ganzen Rummels." Und ein bisschen wehmütig meint er: „Früher woar bei den Bauern die Christmettn der Höhepunkt, ober des vergisst ma leider. Stundenlang sind s' durch den Schnee zur Kirchn gwandert und heute reden s' no davon, dass genau des für sie Weihnachten war."

Für Sepp Forcher und seine Frau Heli ist Weihnachten heute eine erholsame Urlaubszeit. Die Tage zuvor ist er, so wie in den letzten Jahren, stets unterwegs, um die weihnachtliche Ausgabe vom „Klingenden Österreich" aufzuzeichnen, die dann am Christtag ausgestrahlt wird. „Des seh i leider nie, weil i net in Österreich bin", meint er bedauernd. Ein befreundeter Bergsteiger hat Sepp Forcher nämlich schon vor 30 Jahren in Versuchung geführt, den Heiligen Abend in einer auf 2000 Meter Seehöhe gelegenen, abgeschiedenen Almhütte zu verbringen. Die Weihnachtsromantik könne mit der verschneiten Landschaft und dem kleinen Holzhaus, zu dem man im tiefen Schnee hinaufstapfen müsse, wie aus „1001 Heilige Nacht" sein, doch diese romantische Stimmung bleibe strikt vor der Haustür, denn ein „Stille Nacht" zu singen, münde stets in Gelächter. „Wir bringen es in unserer Runde mit einigen Freunden einfach nicht zusammen, dieses wunderbare Lied gleichstimmig zu singen. Da wird einfach die Stimmung, die einen anfangs beschleicht, gleich zerstört. Wir zünden ein Kerzl an, machen uns kleine Geschenke, denn man kann sich mit vielen und teuren Geschenken Weihnachten nicht kaufen und jeder muss für seinen Gemütshaushalt schon selber was tun. Aber i müsste lügen, würd i sagen, dass i net rausgeh in den Schnee und einige stille Minuten verbring und dabei stets zurückdenk an die Vergangenheit, wie's einmal war. An die Kinder, wie sie noch Kinder waren, wie's am Berg war. Was dann beim sinnigen Dahinmarschieren im knirschenden Schnee rauskommt, ist ein inniges Gefühl der Dankbarkeit, dass es einem so gut geht." Und dann lacht der jetzt 70-jährige Sepp Forcher verschmitzt in seinen weißen Bart. „I bin jetzt in einem Alter, das ich mir nie vorstellen konnte, dass i's je erreichen werde, des is ja schon Weihnachten genug!"

Gerry Friedle alias DJ Ötzi

Romeo und Julia im Schnee

Alarmstufe rot war angesagt, schließlich war dieser Tag kein gewöhnlicher Tag, sondern der 5. Dezember, und das bedeutete, dass wieder einmal die verwünschten Krampusse die Gegend unsicher machten. Nun wäre es natürlich hilfreich gewesen, wenn man das ganze Jahr brav gewesen wäre, aber wie gesagt, über vergossene Milch soll man nicht weinen. Und vielleicht hätte Bravsein auch gar nichts geholfen, denn Gerry fürchtete sich einfach schrecklich vor diesen dunklen Gestalten. Und darum war es wirklich blöd, dass er so wie jeden Tag zum Nachbarn gehen musste, um die Milch zu holen. Es war jedes Jahr das Gleiche. Seine Großmutter hatte kein Einsehen und schickte ihn wie an jedem Barteltag um die Milch. Und jedes Mal versuchte er, früher als üblich loszugehen, damit er am Nachhauseweg nicht zu sehr in die Dunkelheit kam, denn die grimmigen Gestalten lauerten besonders gerne auf dem Weg zum Milchbauern. Allerdings ließen sich die Kühe des Milchbauern nicht von der Angst des Buben beeindrucken und waren nicht dazu zu bewegen, ihre Milch vor der gewohnten Zeit herzugeben. Die Krampusse mit ihren schauderhaften Masken wussten genau, dass sie im Friedlebuam ein ideales Opfer gefunden hatten, dem jedes kleinste Rasseln mit der Eisenkette durch Mark und Bein fuhr. Nicht umsonst verbarrikadierte er sich immer sogleich in seinem Zimmer, wenn er am Krampustag von der Schule nach Hause kam.

Doch auch die Schule war alles andere als ein sicherer Ort für Gerry. Obwohl er kein Raufbold war, kassierte er mehr Schläge, als er austeilte. Seine Mitschüler stellten ihn gerne als Schwächling hin und verdroschen ihn. Einmal musste sogar die Oma in die Schule kommen, weil Gerry nach einer Rauferei bewusstlos auf der Schneewiese lag. Die Lehrer hatten von der ganzen Sache scheinbar nichts bemerkt und keinen Finger gerührt.

Bei aller Furcht hatte Gerry jedoch den lauernden Krampussen gegenüber einen entscheidenden Vorteil. Denn die behäbigen Gestalten der Finsternis waren aufgrund ihrer riesigen Holzmasken und ihrer schweren Glocken nicht so schnell wie Gerry, der zwischen dem Hof des Milchbauern und der Wohnung seiner Großeltern mit der vollen Milchkanne einen olympiareifen Sprint hinlegte. Der Sieg war allerdings einer mit Verlusten, denn in der Milchkanne war gerade noch so viel Milch, dass es für den Kaffee der Großeltern reichte.

Mit den Krampussen und dem heiligen Niklaus war die vorweihnachtliche Brauchtumspflege im Ötzer Heimatort schon ausgeschöpft. „Es hat in ganz Tirol so viele Bräuche gegeben, wie des Anklöpfln oder des Rachn gehen, aber nur net in Ötz", bedauert DJ Ötzi. Allerdings hat er mit seinen Freunden einen eigenen Weihnachtsbrauch kreiert, der nicht unbedingt zum Nachahmen anregen soll. „Wir haben unerlaubterweise so vü Weihrauch ins Feuer gebn, dass wir von dem heiligen Zeig scho ganz high waren."

Hochstimmung war allerdings auch am Heiligen Abend angesagt, wenn unter dem Christbaum die aufregenden Geschenke lagen. Wie an jenem Weihnachtsfest, an dem das Christkind einen grünweißen Schianzug brachte. Aber daneben lag noch ein kugelförmiges Etwas, das so auf den ersten Blick gar nicht zu identifizieren war. Also kroch der Bub unter die Zweige zu dem eigenartigen Geschenk. Und die Überraschung war perfekt: Ein funkelnagelneuer Schihelm glänzte wie eine überdimensionale Weihnachtskugel unter den Tannenzweigen. Doch damit noch nicht genug, hätte Gerry die zwei Autogramme am Helm übersehen, wenn ihn die Großmutter nicht darauf aufmerksam gemacht hätte. Und was für Autogramme das waren: Sein großes Vorbild Franz Klammer, der bei der Winterolympiade 1976 in Innsbruck zum österreichischen Nationalhelden geworden war, hatte sich am Helm verewigt. Und dann war es dem Christkind auch noch gelungen, bei Peter Wirnsberger vorbeizufliegen und ein Autogramm abzuholen. Damit war dieser Schihelm mehr als nur ein einzigartiges Weihnachtsgeschenk, denn wer so einen Helm besaß, war schon etwas Besonderes. Und darum vermittelte er dem Buben auch ein gewisses Wertigkeitsgefühl, mit dem er wahrlich nicht reichlich ausgestattet war. Aber das war ja auch kein Wunder. War er doch von seiner leiblichen Mutter zur Adoption freigegeben und erst nach zwei Jahren von der Großmutter in eine Notbehelfsfamilie eingegliedert worden, in der sich der Vater zu wenig und die Mutter gar nicht um ihr Kind kümmerten. „Weihnachten war für mich immer wichtig, aber es war halt immer nur a holberte Partie, weil die Eltern eben net da warn. Ich bin der große Harmoniesucher und wenn i sie gfunden hab, dann bin i a der glücklichste Mensch“, sagt DJ Ötzi heute. Als Schulkind fand er bald einen Ersatz für die fehlende Weihnachtsstimmung in der Familie und holte sie sich am Heiligen Abend übers Fernsehen. Gerry saß dann ganz gemütlich im Fernsehsessel seines Großvaters, um sich etwa von „Tschiti, tschiti bäng, bäng“ begeistern zu lassen. Die Großmutter, die sonst sehr streng über seinen Fernsehkonsum wachte, machte an diesem Tag stets eine Ausnahme. Gerry, der ganz versessen aufs Fernsehen war, hatte aber eine Möglichkeit gefunden, heimlich auch die aufregenden Filme und Sendungen der Hauptabendzeit, die sonst durch die strenge Zensur der Großmutter gingen, zu sehen. Dazu genügte im wahrsten Sinn ein Blick in die Röhre. Denn in der Wohnung stand ein Ofen, durch den er, wenn die Klappe an beiden Seiten offen stand, heimlich ins Wohnzimmer zum Fernseher schauen konnte. Zuvor musste er sich allerdings sein „Guckloch“ einstellen, damit er einerseits gut auf den Fernseher sehen konnte und andererseits dabei nicht erwischt wurde. Die Fernsehposition war zwar nicht die bequemste und mit der Zeit schmerzte das Kreuz vom Bücken, aber die Filme waren meist so spannend, sodass er bis zum Schluss ausharrte. An Moby Dick kann er sich heute noch sehr genau erinnern und daran, dass er zwei Wochen lang nicht richtig schlafen konnte, weil der Fisch im Film so groß und furchterregend gewesen war.

Das Christkind, von dem man ja sagt, dass es alles hört und alles sieht, ist wahrscheinlich nicht sehr nachtragend, denn es ist trotz der heimlichen Fernsehabende jedes Jahr verlässlich gekommen. Der Großvater griff ihm ein bisschen unter die Arme und besorgte den Baum. Allerdings war es mit dem Augenmaß des Großvaters nicht gerade zum Besten bestellt, denn der Baum „hat oft net in die Wohnung passt, weil er zu groß, zu dick und dann wieder zu klein gewesen ist“. Doch im Endeffekt passte dann doch wieder alles. Und perfekt war er, wenn er schließlich geschmückt wurde. Selbstgebackene Kekserl fanden sich selten am Baum, da Gerry ganz versessen auf die Zuckermasse war und wenn die Großmuter den Teig für die Kekserl bereitete und Gerry sich darüber hermachte, blieb meist nicht mehr viel davon übrig. Christbaumschmuck war da schon etwas dankbarer und dauerhafter, wenn wundert's, dass man Jahr für Jahr denselben Schmuck am Baum fand. „I hob no alles genau vor meinen Augen, i seh den Schneemann mit den Schiern, die Holzkugel, den Stern und die rote Kugel mit dem Schnürl. Wannst dran zogn hast, dann hat die Kugel ‚Stille Nacht‘ gspült und des hat anders klungen als unser Gsangl. Wir haben so wunderbar falsch gsungen, so falsch kann ma eigentlich gar net mehr singen. Aber wir ham's in der Gemeinschaft gmacht, und des war wichtig.“

Manchmal war allerdings nicht nur die Tonlage nicht ganz die passende, sondern auch die Geschenke waren nicht die, die eigentlich heiß ersehnt worden waren. „Die Großmütter haben es so an sich, dass sie wahnsinnig gerne Sockn und Unterhosen schenken. I hätt damals so gern amol Jeans oder Turnschuach ghobt, doch meist is es die lange Unterhosen für den Winter woarn“, gesteht Gerry Friedle, obwohl er so eine lange Unterhose in einer eiskalten Winternacht einmal besonders gerne getragen hätte. Denn es kam die Zeit, in der der Glaube an das

Christkind durch den Glauben an die wahre Liebe verdrängt wurde. Gerry war gerade 13, als er sich in jener denkwürdigen Nacht der Erfüllung all seiner Träume nahe wähnte. Er war mit seinem Mädchen bei einem romantischen Abendessen und seine Liebste versprach ihm, die Nacht mit ihm zu verbringen. Das Mädchen ging voraus nach Hause, damit die Eltern keinen Verdacht schöpften, und Gerry sollte zwei Stunden später nachkommen und vor dem Haus warten. Inzwischen zappelte der bestellte Liebhaber im Lokal: „Ich war total aus dem Häuschen, denn ich würde zum ersten Mal bei einem Mädchen übernachten." Für 22 Uhr war Gerry zur Liebeswinternacht bestellt, doch er stand schon eine Stunde früher wie Romeo vor dem Fenster seiner Angebeteten, die drinnen im Haus jedoch wartete, dass ihre Eltern endlich den Fernsehabend beschlossen. Bevor sie nicht zu Bett gingen, konnte das Mädchen den aufgeregten Jüngling nicht ins Haus lassen. Gerry, der frierend in der Kälte stand, kam sich wie im falschen Film vor, denn um seinem Mädchen recht zu imponieren, hatte er für sein Rendezvous ein Outfit gewählt, das eher in einen lauen Frühlingstag gepasst hätte, als in eine eisige Winternacht. Mit einer roten Hose, einem weißen Hemd und einer ziemlich dünnen Lederjacke stand er zitternd im Schnee, und seine Coolness war in ein noch kühleres Stadium übergegangen. Die weißen Turnschuhe versanken im Schnee. Gerry kauerte sich zitternd an den Zaun und versuchte, sich selbst ein wenig zu wärmen. Nach der zehnten oder elften Zigarette dürfte er leicht eingenickt sein, bis ihn ein Schneeball am Kopf plötzlich weckte. Endlich durfte er ins Haus. Der Versuch, seine holde Julia anzulächeln, scheiterte an der Kältestarre im Gesicht, das sich im warmen Jugendzimmer als sehr bläulich zeigte und Mitleid erntete. Zudem stellte sich ein sehr unbehagliches Gefühl ein, das durch den Temperaturschock im Magen ausgelöst wurde, der nun einem abtauenden Kühlfach gleichkam. Selbst robuste Kerle schaffen den Übergang von eiskalten minus 20 Grad in ein vorgewärmtes Bett nicht so ohne weiteres, wie also sollte erst ein junger Mann damit fertig werden. Die anfängliche

Angst vor der ersten Liebesnacht war nun längst den verzweifelten Versuchen gewichen, die erfrorenen Lebensgeister wieder zu erwecken. Gerry hatte sich von seiner Liebsten sogar noch einen Pullover zum Drüberziehen ausgeborgt. Nur schön langsam stellte sich wieder etwas Gefühl in den Extremitäten ein. Und als sich die Wärme langsam im Körper auszubreiten begann, schlief der gerettete Romeo auch schon ein. Und Romeo und Julia sollten nie mehr so zueinander kommen, wie sie es sich vorher ausgedacht und gewünscht hatten.

Das Bedürfnis nach Wärme aber war für Gerry zeitlebens nicht nur ein körperliches Bedürfnis, sondern viel mehr die Sehnsucht nach der Geborgenheit im Kreis von Familie und Freunden. Es sollte lange dauern, bis er sich diesen Traum mit einer eigenen Familie erfüllen konnte. In seiner Lehrzeit als Koch und später als reisender Diskjockey schlitterte er in eine persönliche Katastrophe, zerstritten mit dem Großvater, entzweit mit dem Vater und Meilen von der geliebten Oma entfernt. „Ich hab damals zu Weihnachten den Weg in die Einsamkeit gesucht, obwohl es mi seelisch umghaut hat. I hob probiert, meine Freind anzurufen, und wenn i kan erwischt hob, bin i no trauriger woarn und hab mi zu mein Nullpunkt runtergweint. Aber es war für mich die große Chance, über mich nachzudenken, über meine Fehler, die i immer wieder gmocht hob und meist immer wieder denselben Fehler. Es ist zwar a harte Zeit, aber wenn man sich am Riemen reißt, kommt ma wieder aus. Man soll a in diesen Zeiten, wo's an dreckig geht, danke sagen, dann kannst die guate Zeit umso mehr schätzen, weil es kummt di Zeit, wo man Weihnachten viel intensiver und schöner erlebt", sagt Gerry Friedl, der eine Zeit lang sogar als Obdachloser gelebt, unter Brücken, in leerstehenden Kellern oder im Freien geschlafen hatte und heute als DJ Ötzi Triumphe feiert.
„I war mein Leben lang ein Schattenkind, doch nun sitz i a vor dem Kachelofen und hob mei Familie um mi herum und feiere das Weihnachten, das i mir immer gewünscht hob ..."

Jazz Gitti

Advent, Advent, die Hütte brennt

Ein herzliches Gelächter erscholl am Heiligen Abend des Jahres 1951 im Stiegenhaus eines Wohnhauses in der Wiener Hofenedergasse. In der Wohnung der Familie Bohdal flitzte die 5-jährige Martha, die später als Jazz Gitti bekannt werden sollte, von einer Ecke des großen Vorzimmers in die andere, als würde sie mit dem Christkind um die Wette sausen. Das kleine Mädchen mit den dunklen langen Locken spielte übermütig mit Meiko, einem vierjährigen Buben aus Ungarn, der mit seiner Familie zu Besuch in Wien war. Zum Glück war in der großen Wohnung Platz genug zum Herumtollen. Die Familie Bohdal wusste diese Wohnung auch sehr zu schätzen, war sie doch während des Krieges von den Nationalsozialisten beschlagnahmt und erst nach Kriegsende wieder zurückgegeben worden. Immer lauter und toller fegten die beiden Kinder mit einem Besen zwischen den Beinen über den Parkettboden. All zu gerne wäre das überdrehte Pärchen auf seinen Besen auch ins Wohnzimmer „geflogen", doch das war heute von der ersten Morgenstunde an zugesperrt. Selbst im Schlüsselloch steckte etwas Dunkles, das ihnen jeden noch so winzigen Blick ins Zimmer verwehrte und den Nachmittag noch geheimnisvoller machte. In ihrer Aufregung wurden die Kinder noch übermütiger und versuchten, mit einer Stricknagel das lästige Ding aus dem Schlüsselloch herauszukitzeln, ganz so, wie es der ungarische Bauernbub im Sommer mit den Grillen gemacht hatte, die er mit einem feinen Grashalm aus ihren Erdlöchern herausgeholt hatte. Doch diesmal wollte es einfach nicht gelingen, das ärgerliche Hindernis aus dem Weg zu räumen. Sich in Geduld zu üben, war noch nicht so ganz ihre Stärke, und so hüpften sie alsbald wieder lautstark durch die Wohnung. Der Mutter wurde der Krawall schließlich zu laut und sie meinte, dass das Christkind wohl nicht kommen würde, wenn die Kinder einen solchen Radau veranstalten würden. Das saß natürlich, und mit einem Schlag waren die Kinder keine herumtollenden Hexen mehr, sondern fast schon Engerl, die ihren Hexenbesen artig in die Ecke stellten und sich daneben ruhig hinhockten. Zum Glück war die qualvolle Zeit des Stillsitzens dann doch recht kurz bemessen, denn bald darauf hörte man das Klingeln eines Glöckchens. Die Wohnzimmertür ging auf und beim Flügel stand ein mächtiger, funkelnder Christbaum, dessen Spitze den Plafond berührte. „Ich woar mir hundertprozentig sicher, dass des Christkindl a wirklich do war“, erinnert sich die Jazz Gitti. „I waß no immer jedes Detail von dem Weihnachtsabend, als wärs gestern passiert.“ Das dürfte wohl auch an der Großzügigkeit des Christkinds gelegen haben, denn es hatte trotz der kargen Nachkriegszeit das fünfjährige Mädchen mit Geschenken förmlich überhäuft.

Die strahlenden Augen des Kindes entdeckten zuerst den Puppenwagen, der darauf schließen ließ, dass auch die gewünschten Puppen vom Christkind irgendwo im Wohnzimmer mit viel Liebe hinterlegt worden waren. „Bei uns woar des Fest a bisserl wie Ostern und Weihnachten zugleich, weil die Geschenke woarn immer versteckt und i hob sie immer suachen müssen.“ Der Vater gab beim Suchen ein bisschen Hilfestellung, denn auf Marthas fragenden Blick schaute er in jene Richtung, in der sich am ehesten ein Geschenk finden ließ. Und so entdeckte sie etwas abseits vom Christbaum gleich drei verschiedene Puppen. Doch damit waren die Überraschungen noch lange nicht vorbei, denn Martha fand auch noch eine Trommel und eine Ziehharmonika. Und dann hing da noch eine kleine rote Samtschachtel am Christbaum, die erst unter Mithilfe aller gefunden wurde, und darin befand sich ein goldenes Halsketterl. Beim Gedanken an das gabenfreudige Christkind kommt die Jazz Gitti heute noch ins Schwärmen: „Ich hab damals alles bekommen, wos i mir gwünscht hob und des woar für die damalige Zeit a Sensation, obwohl ich es mit meinen fünf Joahrn net kapieren konnte. I woar so begeistert von diesem Christkind, weil ma dem nur a Brieferl schreiben muaß und dann kriagt ma alles, wos ma wüll.“

Das Christkind wurde von äußerst fleißigen Eltern ins Haus gebeten, die sich nach jahrelanger Armut doch einen gewissen Wohlstand aufbauen hatten können. Die Mutter führte in Kaisermühlen ein gut gehendes Geschäft, einen „Russenkonsum" wie die Jazz Gitti sagt, und der Vater hatte eine Walzenfabrik. Und Farbwalzen waren im Nachkriegswien ein wichtiges Malutensil zum Renovieren der desolaten Wohnungen. Damit ging es der Familie finanziell weitaus besser als vielen anderen in Wien, die sich solche üppigen Weihnachten in den fünfziger Jahren nicht leisten konnten und schon froh waren, wenn sie das Nötigste zum Essen und zum Heizen hatten.
So konnten die Bohdals ihrem einzigen Kind ein luxuriöses Weihnachtsfest bieten, denn sie liebten ihre quirlige Tochter über alles.

An jenem denkwürdigen Heiligen Abend fiel das kleine Mädchen schließlich wie benommen ins Bett. Es waren nicht nur die Aufregung und die vielen Geschenke, die sie berauscht und beschwipst hatten, sondern sie hatte auch vom selbst gemachten Eierlikör ihrer Mutter genascht. Diese Spezialität wurde nach der Bescherung serviert und nach altem Rezept zubereitet: Dafür rührte die Mutter die Dotter von 6 Eiern mit Staubzucker schaumig, gab Milch und besonders viel Obers dazu und rührte zum Schluss den Alkohol unter. „I hob damals mit Fünf meinen ersten richtigen Rausch gehabt", weiß die Jazz Gitti ganz genau, obwohl ihre Mutter tunlichst aufpasste, dass ihr Mädchen nur von einem Stamperl nippte. Doch wer bei diesem süffigen Likör einmal auf den Geschmack kam, leckte auch noch die letzten Tropfen aus den Stamperln heraus, und das tat die Kleine gleich bei einem halben Dutzend. Als das die entsetzte Mutter entdeckte, beruhigte sie der Vater, der seinem „Schnuckiputzi" kaum jemals gram sein konnte: „Lass ihr doch de Freud, dann schloafts wenigstens guat." Und das tat sie auch!

Einige Jahre später, in den sechziger Jahren, und bereits erwachsen, musste sie dann allerdings erst einmal auf den geliebten Eierlikör verzichten. Frisch verheiratet lebte sie nun in ihrer neuen Heimat Israel. Im Geburtsland Jesu kennt man das christliche Weihnachten nicht, sondern es wird vom 22. bis zum 27. Dezember das jüdische Lichterfest, das Chanukkafest gefeiert. Während dieses Festes wird acht Tage lang an jedem Abend eine Kerze am achtarmigen Chanukkaleuchter angezündet, bis am Vorabend des letzten Tages alle acht Lampen leuchten.
In jener Zeit pflegte sie mit ihrem israelischen Mann am Heiligen Abend durch die mit bunten Lichtern geschmückten Straßen von Haifa oder Nazareth zu spazieren. Doch all die Farben und der Lichterglanz konnte nicht über die Trostlosigkeit hinwegtäuschen. Ins düstere Bethlehem zu ziehen, sich an Straßensperren vorbeizuquälen und durch ausgebrannte Ruinen ständig an den schwelenden Konflikt zwischen Israelis und Palästinensern denken zu müssen, passte einfach nicht zur gewohnten Weihnachtsstimmung. „Einsam war i in der Zeit net, weil für mi Weihnachten net so wichtig is. I seh des Fest a net als Zwang, just an dem Tag „auf Familie zu machen“ und dass sich alle ganz schrecklich lieb haben. Des soll des ganze Jahr über passiern.“
Doch familiäre Harmonie wollte sich auch außerhalb von Weihnachten nicht so recht einstellen und so war die junge Ehe schon bald nach der Geburt der Tochter Shlomit an ihrem Ende angelangt. Zu allem Unglück starb auch noch die Mutter in Wien. Verzweifelt schrieb sie kurz vor Weihnachten ihrem Vater, ob er ihr nicht Geld für die Rückreise nach Wien schicken könnte. Der Vater schrieb zurück und schickte 10 Dollar als Anzahlung für die Heimreise.
Schließlich aber war es soweit, sie war mit Shlomit in Wien, wo sie 1973 ihr erstes Lokal eröffnete, dem folgte ein Jazz-Heuriger, mit dem sie jedoch kurze Zeit später Pleite ging.
Die Zeit, die nun folgte, war hart. Sie hatte keinen Job, keine Arbeit, dafür aber Schulden, die ihr das Leben als alleinerziehende Mutter zusätzlich erschwerten. Das Geld reichte gerade

für das Essen, alles andere konnte sich die kleine Familie nicht leisten. So war auch der Herzenswunsch der mittlerweile 10-jährigen Shlomit unbedingt noch vor Weihnachten eine Glockenhose zu haben, damals der letzte Schrei und absolut in, schier unerfüllbar. Shlomit hatte dafür beim Schulsparen auch schon 200 Schilling weggelegt und hätte damit die Hälfte der Kosten beigesteuert. Doch ihre Mutter konnte nicht einmal für den Rest aufkommen, denn das letzte Geld war für den Kohlenkauf aufgegangen. „Ich hab meiner Tochter zu verstehen gegeben, dass ich wirklich kan Schülling mehr hob und i nimmer mehr weiß, wie i über die Runden kumm“, schildert Jazz Gitti ihre damalige Notsituation. Das Mädchen sagte darauf kein Wort, sondern steckte ihre 200 Schilling in die Brieftasche der Mama. „Des klane Dirndl hat für mi damals Christkindl gspült, des vergess i ihr ni.“ Aber das Christkind kam an jenem Heiligen Abend dennoch und brachte die ersehnte Glockenhose, denn die Mutter hatte es doch noch geschafft, das nötige Geld aufzutreiben. Mitte der siebziger Jahre hatte sie in einem Abbruchhaus am Bauernmarkt in Wien „Gittis Jazz-Klub“ eröffnet und sich einen neuen Namen zugelegt. Es dauerte auch nicht lange, bis sich das Lokal als Szenelokal und als urigster Jazz-Klub in ganz Wien etabliert hatte. Weit und breit bekannt wurde die Gitti nicht nur für die Stimmung und die Musik in ihrem Lokal, sondern auch für ihr teuflisches Gebräu, das es nur am Krampustag gab. Zwar hatte sie auch viele Teller mit Nüssen und Mandarinen vorbereitet, doch die Beelzebuben kamen fast ausschließlich, um Gittis Höllenpunsch zu trinken. Da es dieses Gebräu gratis gab, war es kein Wunder, dass sich die kettenrasselnde Gästeschar zum größten Krampustreffen Wiens eingefunden hatte. Gemäß der Devise, „das haut doch keinen Teufel um“, schüttete Jazz-Gitti alles, was nach Schnaps, Rum, Wein und vielen Promillen roch, in den großen Kochtopf und ertränkte darin die Teesackerln und viel, viel Zucker. „Des dürft für die Gäst a ziemlicher Hirnpröller gwesen sein, denn die san die nächsten zwa Tog nach mein Krampusfest mit am Kopf wia a Wassermelone komman. Aber sie haben nix draus glernt, denn a Joahr drauf haben s' wieder ordentlich gsoffn."

Die enge Beziehung zu den Gästen zeigte sich auch am Heiligen Abend. Zwar hatte das Lokal geschlossen, doch wer zu Weihnachten niemanden hatte und alleine war, konnte mit der Wirtin den Heiligen Abend feiern. „Bei mir woar immer a Platz frei." Auch alle zehn Angestellten feierten bei Rindssuppe, Weihnachtskarpfen, Rindsroulade, viel Bauchfleisch und noch mehr selbst gemachtem Eierlikör. Aus dem Heiligen Abend wurde so stets ein fröhlicher, wenn auch chaotischer Abend, der meist damit begann, dass alle im großen Chor Weihnachtslieder sangen, wenn auch jeder ein anderes sang. Das klang für unfreiwillige Zuhörer wahrscheinlich schauderhaft. Doch waren solche Feste nichts gegen die Weihnachtsfeiern, zu denen die Gitti in ihre alte Bauernhütte einlud, in der sie einige Zeit wohnte. Die Bleibe wäre fast zur ewigen geworden, als mit dem Christbaum einmal auch gleich der Vorhang zu brennen begann. Aber dank der vielen Gäste, die sich so wie jedes Jahr bei der Gitti versammelt hatten, war der Brand gleich gelöscht und alles lachte, als die Gastgeberin mit „Advent, Advent, die Hütte brennt" die heiße Weihnachtsfeier fortsetzte. „Man lässt sich doch durch so etwas nicht beirren", scherzt Jazz Gitti, bei der es auch heute noch am Heiligen Abend sehr lustig zugeht, auch wenn sich die versammelte Gesellschaft nun auf die Familie beschränkt. Für Sentimentalität unterm Christbaum ist sie als bekannte Lachwurzen nicht zu haben, dafür für jenes Spiel, das in ihrer Runde neuerdings nach dem Weihnachtsessen gespielt wird und garantiert für Heiterkeit sorgt.

Jeder in der Runde kauft dafür drei kleine Geschenke, die eingepackt und auf einen Tisch gelegt werden. Dann wird exakt eine Stunde lang gewürfelt. Wer zwei Sechsen würfelt, darf sich vom Tisch irgendein Geschenkspackerl nehmen, bis die Stunde um ist. Für die Jazz Gitti ist das die lustigste Weihnachtsunterhaltung seit Erfindung des singenden kleinen Plastikchristbaums. „I hob nimmer den Stress, was i wem kaufen soll. Im letzten Jahr hob i an Topflappen, Plastikklammerln und a Häferl gwunnan. Immer wenn i die Klammerln in die Hand nimm, denk i an Weihnachten. Und i hob mei Häferl fast jeden Morgen in der Hand und den Topflappen eigentlich a, also do koanst da vurstölln, wie oft bei mir Weihnachten is ...“

zeigte. Einmal war der Christbaum ganz golden geschmückt, dann wieder in Silber. Oder es gab beeindruckende farbliche Kombinationen, wenn sich das Grün des Tannenbaums hinter rot und gold oder lila und silber verstecken musste. Dem Farbenspiel nicht genug, hingen auch noch Süßigkeiten am Baum, die in allerlei buntes Wickelpapier gedreht waren. So überraschte die Mutter ihre Kinder jedes Jahr aufs Neue. Umgekehrt gelang es dem Bruder, Schwester und Mutter damit zu überraschen, wie schnell er den Christbaum abräumen konnte. Der Junge hatte nämlich sein Bett im Wohnzimmer und damit auch den Christbaum in direkter Nähe. „Mein Bruder hat den Christbaum in der einen Nacht halb leer gegessen“, schmunzelt Waltraud Haas. „Seine Standfestigkeit wurde vom Christkind jedoch nur einmal erfolglos auf die Probe gestellt.“ Der Christbaum bekam in den Jahren danach einen neuen Standplatz zugewiesen, um länger und allen in der Familie süße Freuden zu bereiten.

Unvergesslich sind aber nicht nur die Freuden, die der Christbaum bereitete, sondern auch jene, die unter dem Baum verpackt lagen. Das schönste Weihnachtsgeschenk jedoch, das Waltraud Haas bekommen hatte, konnte nicht verpackt werden. Es saß am Gabentisch und war ein Kätzchen, das die kleine Waltraud ihren größten Schatz nannte. Denn es war Waltrauds Kätzchen, das zuvor abhanden gekommen war und das das Christkind zurückgebracht hatte.

Dabei hatte sich das Kätzchen namens Minka schon sehr an die außergewöhnliche Fürsorge ihrer Katzenmutter gewöhnt, die nicht mit Puppen spielen wollte, sondern nur mit ihrem samtpfotigen Schmusetiger. „Ich hab der gutmütigen Katze ein warmes Hauberl aufgesetzt, ein Jackerl angezogen und sie in einen Wickelpolster gesteckt. So bin ich mit ihr in einem Puppenwagerl in der Adventzeit in den Schlosspark gefahren.“ Als Waltraud mit dem Puppenwagen promenierte, kam eine ältere Frau daher, die wissen wollte, was Waltraud da in ihrem Wagerl wohl spazieren führen würde. „Darf ich da reinschaun, was du da hast?“, fragte sie neugierig. Als sie sich aber über den Puppenwagen beugte und sich die Puppe ansehen wollte, pfauchte ein kleines pelziges Wesen aus dem Kissen heraus. Die Dame war dermaßen erschrocken, dass sie ohne sich umzusehen davoneilte. Aber auch die Katze hatte einen Schreck gekriegt, denn sie sprang mit einem Satz aus dem Wagen und verschwand im Park. Alles Rufen und alles Suchen war erfolglos, die Katze blieb verschwunden. Zurück blieb ein tieftrauriges Mädchen, das sich verzweifelt ans Christkind wandte. „Bitte bring mir meine Minka wieder zurück“, stand im Brief ans Christkind, in dem kein anderes Geschenk mehr vermerkt war. Waltrauds Mutter ging der Kummer der Tochter nah und sie bemühte sich, die Katze wiederzufinden. Es gab in der Gegend rund um Schönbrunn bald keinen Baum mehr, an dem nicht ein Zettel mit der Suchmeldung nach der vermissten Hauskatze hing. Neben der Adresse, wo die Katze abzugeben sei, stand auch noch der Hinweis, dass die Katze mit Hauberl und Jacke bekleidet sei. Tagelang rührte sich nichts. Die Katze schien wie vom Erdboden verschluckt zu sein. Dass die Katze vielleicht gar nicht mehr am Leben war, dachte Gott sei Dank nur die Mutter, denn das Mädchen vertraute voll und ganz dem Christkind.

Wenige Tage vor dem Heiligen Abend meldete sich eine Frau im Gasthaus, der eine Katze zugelaufen war, die sich schließlich als die verzweifelt gesuchte Ausreißerin entpuppte. Die Frau versprach, die Katze noch die wenigen Tage bis Weihnachten bei sich zu behalten, damit das Christkind Waltrauds Herzenswunsch erfüllen konnte. Am Heiligen Abend schließlich saß das Kätzchen am Gabentisch, frisch gebadet, mit einer schönen rosa Schleife um den Hals, und blickte unschuldig umher, als wäre eigentlich nichts gewesen. Waltraud war überglücklich und versprach hoch und heilig: „Minka ich verspreche es dir, du brauchst nie mehr bei mir Baby spielen, aber bleib für immer bei mir.“

Es war vielleicht ein ganz kleines Weihnachtswunder, dass die Katze wieder gefunden wurde und nach Hause zurückkam. Ein richtiges Weihnachtswunder erlebte die Familie allerdings im Krieg, als sie einen Bombenangriff, der ihr Haus größtenteils zerstörte, überlebte. „Ich war 14 Jahre alt, als die Bomben über Wien gefallen sind. Ich habe im Luftschutzkeller immer Karl May gelesen, um meine Nerven zu beruhigen. Oder wir sind während des Fliegeralarms über den Notausstieg zur Orangerie gelaufen, um dort die wunderbaren Birnen zu pflücken. Die waren eigentlich nicht für das normale Volk bestimmt, aber wir haben sie im Keller einfach verteilt. Als wir nach einem solchen Alarm wieder raufgekommen sind, haben wir unser zerstörtes Haus gesehen.“

In der Kriegszeit musste die Mutter das Gasthaus am Eingang zum Schönbrunner Schlosspark zusperren und stattdessen für französische Kriegsgefangene kochen. „Hunger haben wir in der kargen Kriegszeit nie leiden müssen, denn wir haben von der Schlossgärtnerei immer Gemüse bekommen.“ Speziell Erbsensuppe stand häufig auf dem einseitigen Speiseplan. „Auf der Erbensuppe sind manchmal die Käfer oben drauf geschwommen, die meine Mutter dann abgeschöpft hat. Dann haben wir die Suppe mit Appetit gegessen. Die Mutter hat es wunderbar verstanden, aus dem, was da war, das Beste zu machen.“

Die Fürsorge um das Wohlergehen brachte der Mutter auch die Sympathie eines französischen Offiziers ein, der ihr ein guter Fürsprecher wurde. Auch als die Russen plündernd durch Wien zogen, hielt er sein Versprechen, die Familie zu beschützen. „Das sind gute Menschen“, sagte der Offizier zu den russischen Soldaten, die nichts Gutes im Sinne hatten. „Da dürft ihr nichts und niemanden anrühren.“

Gleich nach Kriegsende stand die Mutter wieder in der Küche ihres Gasthauses, ihr Bruder an der Schank. Zu den damaligen Stammgästen gehörte auch Paul Hörbiger, der sich nicht unbedingt durch Geselligkeit auszeichnete. Dennoch gelang es der

Mutter, ihn auf die schauspielerischen Ambitionen ihrer Tochter Waltraud anzusprechen, die sich ihm artig vorstellte. „Wennst Schauspielerin werden willst“, grantelte Paul Hörbiger, „dann geh in a Schul und lern den Beruf richtig.“ Niemand hätte sich nach diesem kurzen Gespräch am Wirtshaustisch gedacht, dass das Mädchen schon ein paar Jahre später an der Seite des weißhaarigen Grandeurs der österreichischen Schauspielkunst als hoffnungsvolles Schauspieltalent debütieren würde.
Doch zuvor ging es für die junge Schauspieler noch ans Landestheater in Linz. Ihr Engagement erstreckte sich auch über die Weihnachtszeit des Jahres 1946. „Das war für mich das erste und einzige Mal, dass ich nicht zuhause bei meiner Familie Weihnachten feiern konnte“, sagt Waltraud Haas, die damals mit einer Monatsgage von 200 Schilling ihr Auslangen finden musste. Die Sehnsucht, nach Hause zur Mutter zu fahren, war enorm, doch die Umstände ließen es nicht zu. Sieben Stunden hätte sie mit dem Auto von Linz nach Wien gebraucht, womöglich hätte sie die Stunden des Heiligen Abends auch noch an einer der unzähligen russischen Straßenkontrollen verbringen müssen. Erstmals erkannte sie, dass auch die Karriere ihren Preis hat. Mutterseelenallein saß sie in ihrem kargen Zimmer im Künstlerheim. Kein Radio, kein Telefon, keine Weihnachtsmusik, keine Weihnachtsfeier mit der Familie. „Ich habe nur an zuhause gedacht, war dabei todunglücklich. Ich habe mir die Decke über den Kopf gezogen und in den Polster geweint“, beschreibt Waltraud Haas ihre traurigsten und einsamsten Weihnachten.
Nach diesem Erlebnis wollte sie zu Weihnachten auch nie mehr wieder auf der Bühne oder vor einer Fernsehkamera stehen, auch wenn sich die Rolle ihres Lebens angeboten hätte. Dieses Prinzip der heiligen Familienweihnacht hält sie bis heute aufrecht.

Generell fiel stets einen Tag vor Weihnachten die letzte Fernsehklappe, was aber nicht hieß, dass Weihnachten nicht auch einmal vorgezogen werden konnte. Es war im September und mitten in den Dreharbeiten zum „Weißen Rössl“, als ein Reporter auftauchte, der eine Fotostory von ihr und Peter Alexander – sie galten als das neue deutsche Traumpaar – beim Christbaumschmücken machen wollte. Dem Requisitenmeister fiel die undankbare Aufgabe zu, in der gebotenen Eile einen Tannenbaum zu besorgen und dazu auch noch den passenden Christbaumschmuck. Das Besorgen des Baums im waldreichen Salzkammergut war nicht so schwierig, dafür gestaltete sich das Durchstöbern der Dachböden nach schillernden Christbaumkugeln äußerst mühsam. Dennoch gab's ein Happyend in der gestellten Blitzlichtromanze „Harmonische Weihnachten". Die im September in St. Wolfgang gemachten Fotos von Waltraud Haas und Peter Alexander, die zeigten, wie sie gemeinsam den Christbaum schmückten, zierten zur Weihnachtszeit die Titelblätter der Illustrierten im deutschsprachigen Raum.

Einen Weihnachtsbaum gab es bei den internen Weihnachtsfeiern der Schauspielkoler nie. Und Waltraud Haas erinnert sich an ihren geschätzten Kollegen Hans Moser, der solche Feiern liebend gerne zum Stammheurigen nach Grinzing verlegt hätte. „Wir haben beide in den sechziger Jahren in Wien-Hitzing gelebt. Er war von meinem ersten gemeinsamen Film an mein Papa. Er hat auch zu den anderen immer wieder gesagt, dass sie mich in Ruh lassen sollen, weil ich stehe unter seinem Schutz." Die große Dankbarkeit für seine Fürsorge, aber auch für sein Wohlwollen, durch das Waltraud Haas viel von ihm lernen konnte, zeigte sie ihm durch private Einladungen, die es häufig in der Adventzeit gab. „Ich hab ihm immer a Leberknödlsuppn gmacht, dazu eine Ente, die er so gerne mochte, und Palatschinken, die er über alles liebte", spricht Waltraud Haas über die kulinarischen Vorlieben ihres künstlerischen Ziehvaters.
Auch für Hans Moser zündet Waltraud Haas zu Weihnachten eine Kerze am Lichterbogen an, der im Fenster für alle Verstorbenen in der Familie, ganz besonders für ihre Mutter brennt. „Meine Mutter war die einzige Freundin, die ich hatte. Ich habe sie tot in ihrem Bett sitzend angefunden. Am Abend habe ich

mich genau an diese Stelle im Bett hingesetzt, wo sie war, habe intensiv an sie gedacht und plötzlich habe ich ein Streicheln auf meinem Kopf gespürt. Es war keine Einbildung, denn ich habe es ganz genau auf meinen Haaren gespürt, wie sich meine Mutter von mir verabschiedete.“ Tot ist, wer vergessen ist, doch die Kerze im Fenster lässt die Erinnerung an die liebe Mutter und an die schönsten Weihnachtsen nie verblassen.

Balthasar Hauser, der „Stanglwirt“

Auch ein Christkind kann sich irren

Still lagen die Felder am Fuß des Wilden Kaisers unter einer dichten, weißen Schneedecke. Eine beschauliche Ruhe war über dem Land, die Natur hatte sich in den Winterschlaf begeben. Nichts rührte sich, außer den beiden Gestalten, einer großen und einer kleinen, die durch den Schnee stapften. Es waren Hansjörg, der Knecht vom Stanglwirt, und der kleine Balthasar Hauser, die ihre Spuren in das frische Weiß setzten. Der Bub versuchte es dem Großen gleichzutun und stapfte kräftig in den Schnee, weil ihm das Knirschen des Schnees unter den riesigen, klobigen Schuhen des Knechtes so gut gefiel. Er versuchte stets, mit dem Knecht mitzuhalten, vor allem, wenn es um die Arbeiten am Bauernhof ging. Damit der Kleine dem Großen auch hilfreich unter die Arme greifen konnte, hatte Balthasar eigenes Gerät in etwas kleinerer Dimension – einen kleinen geflochtenen Korb, mit dem der Vierjährige das Holz in die Stube brachte, einen niedlichen Holzschemel zum Kühemelken und eine putzige Schneeschaufel, die dem Dreikäsehoch in ihrer Größe gerade zur Schulter reichte. Beim Schneeschaufeln blickte Balthasar neidisch zum Knecht, der sich mit seiner Schaufel förmlich durch den Schnee grub. Der schwere, feuchte Schneepatzen rutschte ihm wie Daunenfedern von der Schaufel, während der Schnee auf Balthasars Schaufel hartnäckig kleben blieb, wie patziger Reis am Löffel. „Ich hab mich immer geärgert, weil’s beim Hansjörg immer so leicht von der Hand ging, aber bei mir wullt’s net funktionieren“, erinnert sich Balthasar Hauser, der dem Geheimnis der Leichtigkeit bald auf die Spur kam. Denn bevor es das erste Mal zum Schneeschaufeln ging, bestrich der Knecht seine Schaufel stets mit etwas Teer aus dem Ofen, und der Schnee konnte nicht mehr auf der Schaufel picken bleiben. Mit diesem einfachen Trick wurde auch die Schaufel Balthasars präpariert, dem von nun an das Schnee-

schaufeln ebenso leicht von der Hand ging, wie dem erfahrenen Knecht.
Doch noch lieber, als den bescheidenen Gästeparkplatz freizuschaufeln, stapfte Balthasar mit Hansjörg durch den Schnee und genoss dabei die Stille der Landschaft und die Gutmütigkeit seines stets um ein paar Schritte voraustrabenden Freundes, dem er „wie ein Hendl“ hinterherlief, besonders, wenn es darum ging, einen Christbaum für das Weihnachtsfest zu holen. Das verwitterte Gesicht des Knechtes war stets zu Boden geneigt, als würden seine großen dunklen Augen im glitzernden Weiß Diamanten suchen. Im eigenen Wald der bäuerlichen Wirtshausfamilie angelangt, hielten seine Augen dann Ausschau nach einem passenden Christbaum. Dabei wurde aber nicht auf einen stattlichen, schönen Tannenbaum Wert gelegt, sondern man suchte ein Bäumchen, das sehr beengt stand und es nie zu einem großen Baum gebracht hätte. Es war auch gut, dass der Baum im eigenen Wald ausgesucht werden konnte, denn dadurch konnte man sorgsam vorgehen und sich Zeit lassen und musste sich nicht so beeilen, als wenn man beim Nachbarn einen Baum gestohlen hätte. Außerdem war so ein Beutezug in einen nachbarlichen Wald auch nicht ganz ungefährlich, denn manche Waldbesitzer bewachten ihren Besitz mit Argusaugen – und manchmal auch mit einer Mitgabel. Zeit und Muße hatten sie dazu, denn in den fünfziger Jahren befand sich der Tourismus erst in den Kinderschuhen und beanspruchte noch nicht alle Kräfte der Bauern, die auch Zimmer vermieteten oder kleine Pensionen und Hotels betrieben.

Der Stanglwirt war ein Gasthof und Hotel mit einer langen Tradition und ohne einen einzigen Ruhetag im Jahr. „Seit 250 Jahren gibt’s bei uns keinen Ruhetag, net amol zu Weihnachten, weil meine Mutter immer gsagt hat, dass ma des den Gästen net antun kann. Zudem gibt’s zwoamol in der Wochn an Stammtisch und des wär dann glei unterbrochen, wenn ma zusperren würden. Und so genießen viele bei uns die Nestwärme vom Stanglwirt.“

Das galt natürlich auch für Weihnachten und den Heiligen Abend. Als kleines Kind hatte Balthasar wenig Verständnis, dass es zu Weihnachten auch um das Wohl der anderen und um viel Tradition ging und Weihnachten erst gefeiert wurde, wenn die Gaststube geschlossen war. Dann wurde die Geduld der Kinder nochmals auf eine harte Probe gestellt, denn zuerst wurden Stall und Hof mit Weihrauch und Weihwasser beim traditionellen „Rachngehen" gesegnet, dann wurde vor der Holzkrippe in der Stube gebetet. Die Familie kniete sich nieder und im bescheidenen Licht einer einzigen Kerze wurde der Rosenkranz gebetet. „Es hot immer furchtbar lang dauert, weil's immer wieder von vorn losgangen is", denkt Balthasar Hauser zurück. Sofort nach dem erlösenden Läuten des Glöckleins sind die beiden Kinder in den ersten Stock gelaufen, um endlich die ersehnte Bescherung zu sehen.
Eigentlich hatte die Aufregung und Erwartung schon Tage zuvor begonnen, wenn ein ganz besonderer Weihnachtsduft durch das Haus zog – der süße, verführerische Duft von warmen Keksen aus dem Backofen, der würzige Geruch vom Heu in der Tenne und die geheimnisvollen Botschaften des Weihrauchs. Dieser Duft der Weihnacht folgte den Kindern bis in die Träume, wenn sie am Nachmittag des Heiligen Abends zu Bett mussten, um am Abend munter zu sein und das lange Aufbleiben leichter auszuhalten. Denn schließlich fuhr man auch um Mitternacht mit der Kutsche zur Christmette. Dieses einmalige Vergnügen im Jahr, in sternenklarer Mitternacht dahinzutraben, hatten nicht nur die Kinder, sondern auch die edlen Lipizzaner, die der Weihnachtskutsche vom Stanglwirt vorgespannt wurden. „I und mei Schwesta haben am Nachmittag immer ins Bett gehen müssn, um fürn Abend und fürs Mettngehn ausgschlafn zu sein. Unser Zimmer war vis-a-vis vom Zimmer, wo 's Christkind erwartet wordn is. Wir haben vor lauten Aufregung kaum a Aug zumochn können und so hab i damals als Dreijähriger neigierig durchs Schlüsselloch gschaut und tatsächlich 's Christkind fliagn gsehen. Es woar a klaner, weißer, winziger Engel, der do wia a

Schwalbn durchs Zimmer gflogen is. I hob schnöll mei ältere Schwester grufen, und die hot's a gsehen. Heut no redn mia zwoa drüber, dass ma beide des Christlkind gsehen hobn," amüsiert sich Balthasar Hauser.

Doch das Christkind lässt sich bei seiner Arbeit nicht gerne ausspionieren oder schon gar nicht stören, denn sonst erfahren Schlüssellochspione früher oder später eine Bescherung, die man sich nicht unbedingt wünscht und schon gar nicht vom Christkind.
Balthasar Hauser erinnert sich in diesem Zusammenhang an seine erste Tastenharmonika, die er tadellos beherrschte und mit Begeisterung spielte. So war der Bub mit seiner „Tastenzuacha" vollauf zufrieden. Doch der Ehrgeiz der Mutter und ihr Faible für die Oberkrainermusik, die nur mit der Knopfharmonika so gut zu spielen war, ließ einen Plan reifen, der schlussendlich vom Christkind ausgeführt werden musste.
Schon lange vor Weihnachten hatte die Mutter einen lieben Bekannten gebeten, ihren Buben auf der „Knopfzuagn" zu unterrichten. Dieser wusste jedoch um das große Talent seines unwillkommenen Harmonikaschülers und ließ ihn lieber auf seiner eigenen „Tastenzuachan" spielen. Das war dem Buben auch recht, er wusste ja nicht, dass ihm sein Lehrmeister eigentlich aus purer Eifersucht nicht das Spielen auf dem Knopferlinstrument beibringen wollte. Er redete ihm auch noch ein, wie schwierig der Umstieg auf die Knopfharmonika sei und löschte beim Jungen auch noch den kleinsten Begeisterungsfunken aus. Die Vorliebe galt somit weiterhin der ersten Kinderharmonika, doch die verschwand plötzlich einige Tage vor Weihnachten. Sie war wie vom Erdboden verschluckt. Der Bub suchte verzweifelt nach seinem Lieblingsinstrument, das auch niemand mehr gesehen haben wollte. „Eine Harmonika kann do net so einfach verschwindn", dachte sich Balthasar. Was er nicht wusste war, dass das Instrument schon längst gegen jene Harmonika eingetauscht worden war, die am Heiligen Abend unter dem Christbaum lie-

gen sollte. Eine Knopfharmonika, die sich die Mutter für ihren Sohn vom Christkind gewünscht hatte.
Die Freude und Erwartung der Mutter, dass der Bub mit diesem Geschenk nun endlich so spielen konnte, wie es die Oberkrainer vermochten, wurde herb enttäuscht. Balthasar war entsetzt, als er das neue Instrument unter dem Christbaum sah. „Des woar a Schock für mi. Des guatgemeinte Gschenk der Muata is dann schön in die Hosn gangen, des woar wirklich a bsondere Bescherung. Die Knopfzuagan hob i net amoal angschaut, de is dann a nur herumgstanden, weil i hob's ja a net spüln können."
Erst viele Jahre später kramte Balthasar Hauser sein verschmähtes Weihnachtsgeschenk wieder hervor. Der Knopf ging auf, denn er entdeckte die richtigen Knöpfe und damit auch die Liebe zu diesem Instrument. „I hob anderen Musikern vieles abgschaut und abglost und so hob i mir des Spüln selber beibracht. Do hob i mit der Zeit scho so a steifes Gnack kriagt, weil i imma auf die Knöpf runtergschaut hob."

Heute ist der Wirt und Hobbymusikant froh, dass es weder sein eifersüchtiger Musiklehrer noch das Christkind vermochten, ihm diese Knopfharmonika gänzlich zu vermiesen.
Mittlerweile ist das Instrument zum Markenzeichen des Promiwirts geworden, der seine Gäste speziell am Heiligen Abend mit Hausmusik in Weihnachtsstimmung bringt. „Es is oft unwahrscheinlich, wie die Gäst nur beim Zuhörn ihre Herzen und Seelen öffnen, wia a Blütn im Summa. Da sitzen oft 30 Prominente im Raum, darunter anspruchsvolle Showmaster, die si über de anfache Bauernmusi gfrein. Eigentlich is Weihnachten a Fest für die armen Leit und net für die Reichn", philosophiert er, „weil reich is mit Hektik und Stress verbunden und viele schaun auf die Uhr und sagn – jetzt muaß a no schnöll Weihnachten gfeiert werdn. Weihnachten hängt mit Ruhe, Gelassenheit und Zeithabn zusammen und die Kinder spürn des. Do denk i an meine Eltern zruck, denen i im Nachhinein sogar dankbar bin, dass sie mir mit dem Rosenkranzbeten des Warten und Verweilen beibracht

haben. Ma muaß a im Leben einiges erwarten können", ist sich Balthasar Hauser sicher. Der Stanglwirt feiert Weihnachten mit seinen Gästen, seinen Mitarbeitern und der Familie nach der Devise: „Wer Weihnachten gmiatlich feiert, der hat's a schon drauf. Also nix ins Detail planen, sondern einfoch die Ruhe einkehren lassn und des müssn speziell die Mütter und Frauen in die Hand nehmen. Weihnachten is für mi a weibliche Gefühlsangelegenheit, weil die Frauen haben da eher die Muse, sich auf die besondere Zeit einzustellen, wie a die Kinder. Und de Mannaleit sollen anfach nur mitmochn!"

Hansi Hinterseer

Würfelzucker für das Christkind

Hansi Hinterseer verbrachte seine Kindheit mit den Großeltern und seiner Tante auf der Seidlalm. Obwohl die Familie rund vierzig Stück Vieh und zehn Rösser besaß, lebte sie eher bescheiden und sah ihren größten Reichtum in der Natur.
Gerade die Seidlalm galt immer schon als Inbegriff der heilen Welt, in der auch der Weihnachtszauber so natürlich war wie die langen Eiszapfen an der hölzernen Dachrinne und der funkelnde Schnee in den sternenklaren, bitterkalten Nächten. Es war so still in der weihnachtlichen Natur, dass der junge Hansi vermeinte, das Knirschen des Schnees unter seinen leichten Füßen viel intensiver wahrzunehmen, als sonst in der Winterzeit, die sich in den Tiroler Bergen oft über ein halbes Jahr lang erstreckte. Mitunter fiel bereits im Oktober der erste Schnee auf die beschauliche Alm. So auch am 8. Oktober 1963. Die Almleute trauten ihren Augen nicht, als sie frühmorgens aus den kleinen Fenstern ihrer Holzhütte schauten. Viel zu früh und völlig unerwartet hatte sich der Herbst verabschiedet und der Winter die Almwiesen mit einer dicken Schneedecke verhüllt. Tags zuvor war das Wetter noch angenehm warm gewesen, der Himmel strahlend blau und ein prächtiger Herbsttag hatte zum Träumen eingeladen. Und über Nacht dann dieser Wetterumschwung. Niemand war darauf gefasst und in der Stube herrschte eine Hektik, die es eigentlich sonst auf der Alm selten gab. Denn auf der Alm ist erfahrungsgemäß die Sünd so fremd wie der Stress. Doch diesmal galt die Sorge der Großeltern und der Tante dem „Hansibuam“, der schon seinen Schulranzen gepackt hatte, um sich auf den Weg ins Dorf hinunter zur Schule zu machen. „Unmöglich bei diesem Schneesturm“, meinte der Großvater. Zudem war auch der Lift natürlich noch nicht in Betrieb, der die Almkinder im Winter sicher ins Tal und wieder zurückbrachte. Und daher wunderte es niemand, dass an diesem Tag in der Schule einige

Sessel frei blieben, denn wer konnte schon Frau Holle zur Rechenschaft ziehen, weil sie sich deutlich im Kalender geirrt und übereifrig mit dem Bettenschütteln begonnen hatte. So tüchtig sie in diesem Jahr 1963 war, so nachlässig war sie dann ein Jahr später, erinnert sich Hansi Hinterseer. „Bei den Olympischen Winterspielen in Innsbruck war vom großen Schnee keine Spur, den es auf der Seidlalm meist in Hülle und Fülle gegeben hat.“

Auf der eingeschneiten Alm blieb Hansi nicht untätig. Früher als sonst dachte er in jenem Jahr an das Christkind. „Für mi is des a schönes Kindl mit wunderbaren Haarn und an Haufn Engerln, und a bisserl was hat des Christkindl immer in der Stubn verloren, nämlich a paar von den schönen Haarn.“

In seiner Vorstellung war das Christkind mit einem Haufen Engerln in den verschneiten Bergen auf Schiern unterwegs, und er konnte direkt das glänzende goldene Haar im Wind flattern sehen. Da wunderte er sich wirklich nicht, wenn er dann am Heiligen Abend als Fährte zum Christbaum ein paar Locken am Boden verstreut fand, so als hätte sich das Christkind die Haare gerauft, weil es dem Bauernbuben nicht dieselben schönen Geschenke machen konnte, die es den Kindern im Tal brachte, die dann beim Spielen ihre helle Freude hatten.

Für die Bergbauernfamilie gab es aber dennoch eine sehr kostbare Neuerung, denn an diesem Weihnachtsfest gab es endlich den ersehnten Strom und Wasser auf der Alm. Über diesen, für die meisten so selbstverständlichen Alltagsluxus, waren die Menschen unendlich dankbar. „Wir haben damals frisch Strom, Licht und Wasser bekommen und wir waren darüber, ohne kitschig zu klingen, sehr, sehr glücklich.“ Bescheidenheit fand sich auch in den Briefen ans Christkind wieder. So wünschte sich Hansi in einem bunt bemalten Brief einen schönen Christbaum. Den Brief legte er vor ein Fenster, damit das Christkind ihn gleich mitnehmen konnte. Aber weil das Christkind ja nicht gesehen werden wollte, suchte Hansi immer jenes Fenster aus, das am bizarrsten mit Eisblumen geschmückt war und so einen natürlichen Sichtschutz für das Christkind bot. Damit begann auch die spannende und quälende Zeit des Wartens, ob und wie schnell nun das Christkind Himmelspostbote spielen würde. Spätestens jedoch am dritten Tag des Wartens war es mit der irdischen Geduld des Kleinen vorbei. „Briefe schreiben, dass tun alle Kinder auf dieser Welt", überlegte er und damit trat Plan B in Kraft. „Dem Christkind würden sicherlich Zuckerwürfel gut schmecken", dachte er sich, weil er ja selber auch gerne naschte, „dann kommt es vielleicht schneller." Gedacht, getan, und so lagen für das Christkind auch bald eine Hand voll Zuckerwürfel bereit. Nicht um den Brief zu beschweren, sondern um das Christkind rascher anzulocken. Und um ganz sicher zu sein, dass die Post kein irdischer Irrläufer wurde, schickte er der süßen Bestechung gleich ein Stoßgebet hinterher. „Wir haben sogar zum Beten angfangen, damit's endlich passiert." Schließlich hat das Ganze auch funktioniert, denn kaum war der Würfelzucker aufs Fensterbrett gelegt, war das Brieferl auch schon weg. Es gab aber noch jemanden, der sich über die Zuckerration freute, denn auch das Eichkatzerl kam so zu einem Weihnachtsgeschenk.

Der Hansi konnte seine eigene Ungeduld nicht immer so erfolgreich überlisten, wie beim Warten auf den himmlischen Postboten. Vor allem das Beten am Heiligen Abend schien für ihn unendlich lang zu dauern, obwohl es am späten Nachmittag noch einigermaßen spannend war. Da begleitete er den Großvater in den Stadl, um die Stallungen zu räuchern. Der Duft des Weihrauchs und die zarten Rauchwolken lenkten stets vom monotonen Gebetsmurmeln ab und ein wohltuender Duft lag über dem üblichen Stallgeruch. Hansi durfte dem Großvater helfen und die Pfanne tragen. In der anderen Hand hielt er ein Tannenreisig, mit dem er die Tiere mit Weihwasser besprengte. Während er das tat, horchte er mit einem Ohr auf den Gebetssingsang seines Großvaters und mit dem anderen auf die Laute

der Tiere, denn vielleicht redeten sie in dieser hochheiligen Nacht miteinander, wie die Großmutter behauptete, die sich allerdings sicher war, dass die Tiere erst dann miteinander reden würden, wenn die Kinder schon längst im Bett lagen. Dennoch spitzte er die Ohren und strengte sich an, aus dem kurzen Wiehern oder dem dumpfen Muhen vielleicht doch das eine oder andere deutliche Wort herauszuhören.
In dieser weihrauchgeschwängerten Stimmung trottete er also seinem Großvater hinterher, der seinen Rosenkranz mit einer Engelsgeduld betete. „Also das war für mi net unbedingt das Wahre. Ich hab für mi immer wieder gedacht, jetzt muss das Beten doch endlich a End haben und kaum hab i fertiggedacht, is scho wieder von vorn losgegangen – Gelobt sei Jesus Christus.“ Immer schwerer wurde ihm dabei die Pfanne mit den glühenden Holzkohlen, auf die der heilbringende Weihrauch gestreut wurde. Doch dieser Segen musste ordentlich sein und deshalb sein Gewicht haben, sollte er doch das ganze Jahr über das erhoffte Glück für Feld und Hof bringen.
In der Stube wurde dann weitergebetet, und mit jeder Zeile wurde die Ungeduld des Buben größer und das Warten auf das Christkind länger. Jedes Mal wenn vor der Hütte das Knacken von Holz zu hören war oder der Boden in der Stube knarrte, schlug sein Herz schneller. Immer wieder starrte er durch das kleine Holzfenster auf den sternenklaren Himmel, um wenigstens einen kleinen Blick zu erhaschen, sollte das Christkind vorbeifliegen. „Als kleiner Hosnscheißer hob i auf jede Sternschnuppn gschaut und mit jedem Holzkracher vor der Hüttn is mei Herz schneller gangn“, erinnert er sich heute noch gern an jene Zeit.

Das größte Erlebnis aber war wohl jedesmal, wenn Hansi mit seinem Großvater den Christbaum holen ging. Es war zugleich auch eine Ehre, den Baum für das Christkind auszusuchen, mit Hilfe des Großvaters zu schlagen und ihn durch den tiefen Schnee stapfend nach Hause zu bringen. „Wenn da Vata gsagt

hat, kumm Bua, jetzt gehen ma raus und holn im Wald den Christbaum, dann san des Momente für mi gwesen, die i nie in mein Leben vergesen kaon."
Und falls sie beim Christbaumholen eine Sternschnuppe sahen, so waren sie sich sicher, dass in dieser Sekunde das Christkind zustimmend auf seine irdischen Helfer herunterblinzelte.

In der Adventzeit gab's aber auch allerhand kulinarische Weihnachtsvorbereitungen. Unterm Jahr gab es sehr selten Fleisch zu essen, doch für das Weihnachtsfest wurde stets ein Schwein geschlachtet, um als Festtagsessen auf den Tisch zu kommen. Die Würstelsuppe war es, die Gusto auf die Feiertage machte, dazu der traditionelle Kaiserschmarren, der bis heute am weihnachtlichen Speiseplan der Familie Hinterseer steht.

Am Heiligabend schließlich war das Haus erfüllt vom Duft der Festspeise und vermengte sich mit dem Duft der Wachskerzen, die den Christbaum erleuchteten. Bei seinem Anblick vergaß der bescheidene Bub im ersten Moment ganz auf die Geschenke unterm Christbaum. Zu sehr war er davon angetan, dass das Christkind es wieder einmal geschafft hatte, den schönsten Christbaum der ganzen Welt mitten in die Stube zu stellen. Die Geschenke waren damit fast schon Nebensache. „Es war jedes Gschenk wunderschön, weil es mit Liebe gmacht wurde und da war auch die Freud mit dem Brieferlschreibn, weil genau des, wos im Brief drinnengstandn ist, a erfüllt wurde."
Als Hansi später selbst für seine Lieben Christkind spielte, waren selbst gebastelte Geschenke und Dinge, die das Arbeiten auf der Alm erleichterten, gern genommene Geschenke. „Sehr gfreut hat sich mei Großvater über a Pfeifn, die i ihm als Christkindl gmocht hob. Mit der is er dann oft vor der Hüttn gsessen und hoat si a bisserl wie a Almkaiser gfüllt."

Einmal aber hat sich das Christkind mit einem Geschenk für den Hansi selbst übertrumpft, als es Schier unter den Christbaum

legte. Es waren nicht irgendwelche Schier, oder gar gebrauchte. Nein, es waren die besten Schier, die in dieser Heiligen Nacht überhaupt unterm Christbaum gelegen sind. Denn Vater Hinterseer hatte seine freundschaftlichen Beziehungen zum Schiproduzenten Franz Kneissl spielen lassen, damit sein Bub die neuesten Schier bekam, von denen sogar bis auf die Alm hinauf die Kunde gereicht hatte, dass das Rennmaschinen seien. Der Vater hätte sich dieses Geschenk nie leisten können, doch der Tiroler Schihersteller Kneissl, der sein Trauzeuge war, wollte auch dem Junior eine Freude machen und zwar mit dem ersten „White Star", der drei Tage vor Weihnachten frisch aus der Produktion kam. Dieser Kinderschi war 1,70 Meter lang und eigens für das junge Schitalent angefertigt worden. „Das war auch das einzige Mal, dass ich Schi gschenkt kriegt hab. I woar so stolz drauf. Ich denk heut noch oft dran, denn man vergisst leicht, was man hat und ma denkt ständig nur dran, was man noch haben könnte."
Das unerwartete Geschenk vom Christkind dürfte auch die sportliche Karriere des späteren Schistars gefördert haben, das Talent dazu hatte er vom Vater geerbt.

Jahre später, als Hansi Hinterseer seine Wünsche nicht mehr auf der Seidlalm den Sternschnuppen hinterherschickte, hatte er als Profischifahrer in den Tagen vor Weihnachten in Amerika zu tun. Die Schirennen waren so geplant, dass ein Rückflug vor dem Heiligen Abend noch möglich gewesen wäre. Doch der damalige Sponsor überredete den österreichischen Schistar, die Weihnachtsfeiertage doch in Los Angeles zu verbringen. Das Nobelhotel versprach luxuriöse Annehmlichkeiten, wie Suite, Swimmingpool und eine reservierte Hängematte am Palmenstrand. Zudem versicherten die amerikanischen Kollegen, dass es nichts Schöneres auf der Welt geben könne, als bei heißen 30 Grad im Schatten Weihnachten zu feiern. Hansi überlegte nicht lang, denn „dieses Angebot kommt kein zweites Mal. Als er dann kurz vor Weihnachten am Telefon von seiner Tante erfuhr, dass die Berge zu Hause alles andere als weiß waren, blieb Hansi in den

Staaten und stornierte seine Rückreise in die Heimat. Eine Entscheidung, die er tags darauf bitter bereuen sollte. Denn irgendwie nagte die Sehnsucht nach den verschneiten Bergen im heimatlichen Tirol doch an seinem Herzen.
Am Morgen des Heiligen Abends schien die Welt noch in Ordnung, doch schon der Blick hinaus auf das Meer und der singende Santa Claus vorm Hotel waren irritierend. Der Hoteleingang war links und rechts von Palmen flankiert, darunter gab es vier Plastikchristbäume, die mit Kunstschnee besprüht waren. „Daneben is a Nikolaus gstanden, der immer Jingle Bells gsungen hat", erinnert sich Hansi Hinterseer. „Da hab i plötzlich narrisches Heimweh kriegt. Da hab ich mich so mutterseelenallein gfühlt und da hat mir das Nobelhotel samt Beverly Hills den Buckel hinunterrutschen können."
Statt an den Pool zu gehen, ging Hansi wieder in sein Zimmer, um seinen Lieben zu Hause ein schönes Weihnachtsfest zu wünschen. Natürlich erkundigte er sich, ob es mit den grünen Weihnachten auf der Alm auch so geblieben sei, wie es ihm die Tante noch am Vortag geschildert hatte. Allein die Vorstellung, dass auch seine Familie zu Hause so wie er in Los Angeles Weihnachten im Grünen feiern müsste, hätte sein Heimweh etwas gemildert. Der Temperaturunterschied hätte in diesem Fall nicht ganz so viel zur Sache getan. „Nachdem ich Frohe Weihnachten gewünscht hatte, wollte ich nun wissen, wie s' denn zu Haus mit den grünen Weihnachten klarkommen." Am anderen Ende der Telefonleitung blieb es kurz still. Das kurze Luftholen der Tante war fast als Seufzer zu deuten. Nur zögernd schickte die Tiroler Verwandtschaft den Wetterbericht übers Telefon in die klimatisierte Suite, wo weit und breit kein geschmückter Christbaum stand. In der Nacht zuvor hatte es auf der Seidlalm zu schneien begonnen und man musste Hansi nicht erklären, dass sich die Landschaft nun wie auf den schönsten Weihnachtskarten zeigte. In diesem Moment begann sich in seinem Innersten ein Gefühl breit zu machen, das ihm bislang erspart geblieben war. Selbst im Sport, wo Zehntelsekunden über Sieg und Niederlage ent-

scheiden, hatte er dieses Gefühl der Enttäuschung und Bitterkeit nicht in dieser Intensität kennen gelernt, wie an jenem Heiligen Abend in Los Angeles. „Ich bin zwischen Hotelzimmer und Pool herumgekugelt, doch mit den Gedanken war ich immer zu Hause. Ich hob immer auf die Uhr gschaut und mir vorgestellt, was di genau jetzt in der Hütten machen.“ Je länger der Heilige Abend dauerte, umso größer wurde das Heimweh.
In seinem Kummer wollte er erst gar nicht versuchen, der amerikanischen Weihnachtstradition auch nur einen Hauch von Zauber abzuringen. Am liebsten hätte er sogar den ständig vor sich hersingenden „Jingle-Bells-Weihnachtsmann“ am Swimmingpool zum Schweigen gebracht. So leistete er den Schwur, nie wieder das Weihnachtsfest in der Fremde zu erleiden. Und daran hält er heute noch strikt fest. Mehr noch: Ab Mitte Dezember beginnen für ihn die Vorbereitungen auf das Weihnachtsfest. „Da is für mi die Geldmaschine fertig, da will i mi mit meinen beiden Töchtern auf Weihnachten einstellen. Das ist in mir extrem drinnen, weil ich am Berg mitten in den Natur aufgewachsen bin. Ich habe von der Natur auch viel gelernt und der Mensch sollte sich nicht dem Rhythmus der Natur entgegenstellen. Lern vom Winter, wenn es draußen ruhiger wird und die Tage kürzer werden. Wenn die stade Zeit auch auf die Seele des Menschen wirkt, dann erlebt man Weihnachten ganz anders. So wie ich sie erlebe und erlebt habe auf meiner geliebten Seidlalm. Ich möchte nichts davon missen, und wenn man zu sich selber ehrlich ist, dann trägt jeder von uns in sich schöne Erinnerungen an das Christkind.“

Waltraud Klasnic

Ich war sein allerletztes Christkind

Die Erinnerung an eine glückliche Kindheit in Zeiten bitterer Armut ist wie eine Fotografie mit Weichzeichner. Obwohl der Alltag in aller Härte und Leid erlebt wurde, verblassen die Schrecken durch die Patina der Zeit und Erinnerungen an schöne Erlebnisse und versöhnlichere Bilder bleiben haften, die nur erahnen lassen, wie schwer die Nachkriegsjahre tatsächlich waren.

Am 27. Oktober 1945 erblickte Waltraud Klasnic als eines von fünf Kindern das Licht einer von Krieg und Leid geschundenen Welt. Zwischen Schutt und Asche wurde der tägliche Kampf ums Überleben ausgetragen. Mit einer Obergrenze von 683 Kalorien pro Tag reichten die amtlichen Essensrationen kaum zum Durchkommen. Sich einmal richtig satt essen zu können, war Wunschtraum und Wunschdenken vieler. Heute, in einer Zeit des Überflusses, beinahe unvorstellbar. Der Winter war eine besonders harte Zeit. Die Kindersterblichkeit stieg rapide an, viele Kinder starben an den Folgen der Unterernährung. Auch die Mutter der kleinen Waltraud sah sich nicht imstande, noch ein fünftes Kind durchzubringen. Das wusste sie von den ersten Schwangerschaftswochen an, darum wollte sie dieses fünfte Kind auch nicht mehr zur Welt bringen. Doch in den letzten, wirren Monaten des Krieges fand sie niemanden, der eine Abtreibung durchgeführt hätte. Schließlich aber fand sie doch Hilfe und Unterstützung bei einem Arzt, auch wenn diese etwas anderer Art war. Er tröstete die werdende Mutter und suchte für das Kind einen geeigneten Platz bei liebevollen Adoptiveltern. Bei der Suche richteten sie aber ihr Augenmerk nicht auf eine wohlhabende Familie, sondern auf die Güte und die Menschlichkeit der zukünftigen Adoptiveltern. „Heute im Rückblick sage ich, meine Mutter hat das Größte gemacht. Sie hat mich geboren und

mich zur Adoption freigegeben", sagt Waltraud Klasnic über ihre mittlerweile verstorbene Mutter.
Das neue Zuhause für das Baby war daher schließlich eine Holzbaracke, die außerhalb von Graz nahe der Wallfahrtskirche Maria Trost den Armen notdürftig Unterkunft bot. Die Lebensumstände waren katastrophal, die Armut unvorstellbar und der Blick auf die Kirche das einzig Tröstliche. Zum Hunger kam die große Kälte. Im Winter 1945 wurden die Grazer sogar auf Plakaten aufgerufen, in den Wäldern Kleinholz zu sammeln. Die Gefahr, zu erfrieren, weil keine Brennstoffe vorhanden waren, lauerte wie ein dunkles Gespenst in den eisigen Wintermonaten. Die Adoptivmutter der kleinen Waltraud hatte aber noch ganz andere Sorgen, denn der Säugling war zwei Tage nach der Geburt von der leiblichen Mutter und der nahrhaften Muttermilch weggekommen und drohte nun an Hunger zu sterben, weil kein Geld für Milch da war. Das Baby verdankte sein Überleben einer barmherzigen Bäuerin und einem Sack Äpfel. Die Städter kamen oft zu den Bauern aufs Land, um Schmuck, Pelzmäntel Teppiche oder andere Wertgegenstände gegen Erdäpfel, Mehl oder Schmalz einzutauschen. Doch die Adoptivmutter hatte nichts, was sie zum Tausch hätte anbieten können. Als sie nun mit dem weinenden Säugling, den sie unter ihrem Umhang gegen die Kälte zu schützen suchte, hilfesuchend vor der Tür eines Bauernhauses stand, wurde die Bäuerin von Mitleid erfasst und schenkte der armen Frau einen Sack Äpfel. Das Bild der Bittenden mit dem Kind und ihr Leid hatte sie an die Gottesmutter Maria erinnert und ihr Herz weich werden lassen.
Mit dem vitaminreichen Tee aus den Apfelschalen wurde das Baby schließlich über den Winter gebracht. So hatte ein gutes Geschick über das kleine Mädchen gewacht, doch bereits im nächsten Winter trat Waltrauds Schutzengel abermals in Aktion. Es war um die Adventzeit, als ein heftiger Schneesturm tobte. Das einjährige Baby war alleine in der Baracke, der Wind weitete sich zum Orkan aus, das Dach ächzte bedrohlich. Ein englischer Soldat, der zufällig vorbeikam, erkannte den Ernst der

Lage und holte das Baby ins Freie. Ein paar Augenblicke später trug der Sturm das primitive Holzdach ab, Trümmer stürzten in die Baracke. So hatte der Mann höchstwahrscheinlich das Leben der kleinen Waltraud gerettet. Von diesem Weihnachtswunder erfuhr das Mädchen aber erst in ihrer Volksschulzeit.

Inzwischen hatte sich ihre Adoptivmutter, von Waltraud liebevoll Mutti genannt, von ihrem Mann getrennt, der mit der Adoption des Kindes nicht einverstanden gewesen war. Doch die „Mutti" war nicht unterzukriegen und nahm jede Arbeit an, um die kleine Familie über die Runden zu bringen. Sie teilte das wenige Geld ein und war eine fürsorgliche Mutter, die ihre eigenen Bedürfnisse hintanstellte. „Ich hatte eine sehr schöne und mit viel Liebe erfüllte Kindheit", betont Waltraud Klasnic, die sich an eines ihrer ersten Weihnachtsfeste erinnert. Unter dem Christbaum lag ein Kleiderschürzerl mit roten und weißen Punkten darauf, das für Waltrauds Puppe genäht worden war. Eine mit der Mutti befreundete Frau war eine geschickte Näherin und nähte für die Puppe immer wieder neue Sachen, während Waltraud selbst die Kleider anderer Kinder auftrug, die die Mutti von wohlhabenderen und wohlmeinenden Leuten in der Stadt geschenkt bekam. Doch an diesem Heiligen Abend lag unter dem Christbaum neben der Puppenschürze auch eine neue Schürze für das Mädchen. Eine nagelneue Schürze, die kein Loch hatte, nicht geflickt war und die wie angegossen passte. Die Freude über das erste neue Gewand beeindruckte auch das Christkind, das ein Jahr darauf einen Pyjama mit blauen Streifen und kleinen Blumen schenkte. „Das Pyjamaoberteil habe ich dann sogar in der Schule als Bluse getragen, weil ich ja auch keine Bluse hatte. Erst viel, viel später habe ich meinen ersten neuen Wintermantel bekommen, da war ich schon erwachsen."

An diesen Erinnerungen lässt sich ermessen, in welch bescheidenen Verhältnissen Waltraud Klasnic ihre Kindheit verbracht hat. „Natürlich hat ein Kind Wünsche und Träume, aber ich war nicht unzufrieden und hab eine schöne Weihnachtszeit erleben dürfen." Spannend waren da natürlich die Ausflüge in die Gra-

zer Innenstadt, wo ihre Mutter als Aufräumerin arbeitete. Waltraud Klasnic sah die Menschen mit riesigen Packerln gehen, die allesamt in türkises Geschenkspapier gewickelt waren. Es war das traditionelle Weihnachtspapier des großen Kaufhauses Kastner & Öhler, in dem natürlich gerade in der Adventzeit besonders viele Menschen einkauften. Waltraud genoss die vorweihnachtliche Stimmung und leistete sich um 70 Groschen sogar eine Fahrt mit der Straßenbahn in die Annenstraße, die einem Märchen aus 1001 Nacht zu entstammen schien. Lichterketten spannten sich quer über die Straße und erhellten die hereinbrechende Nacht. Ein einziges dieser Glühlämpchen hätte schon genügt, um die Petroleumlampe in der heimatlichen Holzbaracke zu ersetzen und ein wenig mehr Helligkeit in die dunkle Stube zu bringen. Während in der Stadt also Lichterketten und bunte Schaufenster die Straßen schmückten, sorgte in den Baracken der Armen die Natur für einen fragilen Winterschmuck. Eisblumen überzogen mit ihrer kalten Pracht die Fenster. Da nur ein Zimmer geheizt wurde, weil selbst beim zusammengetragenen Holz aus den Wäldern eisern gespart werden musste, blühten sie in ihren eisigen Sträußen jedenfalls wesentlich länger als jeder herkömmliche Blumenstrauß.
Mit dem Winter kam aber nicht nur die Kälte, sondern auch die Ruhe der Weihnachtszeit. „Damals hat man die stille Zeit mehr gespürt und die Menschen waren auch bereit, sich dieser Zeit anzupassen. Ich bin einmal am Christtag voll Freude mit meinem neuen Schürzerl über den Berg hinauf zur Kirche gelaufen. Heutzutage würde in dieser Hektik niemand auffallen, wenn er seinem Stress schnelle Beine verleiht, damals war so etwas gerade in der stillen Zeit der Weihnachtsfeiertage auffällig. Kurz vor dem Gotteshaus wurde ich von einer alten gebrechlichen Frau aufgehalten, die mich ein bisschen darum beneidete, dass ich so schnell unterwegs war. ‚Kumm her zu mir, da hast was‘, sagte sie. Sie hat mir einen Schilling geschenkt, den ich mir lange aufgespart habe.“ Ein Schilling war damals viel Geld. Dafür bekam man zehn Stollwerk oder eine Bensdorp-Schokolade.

Der Winter bot für die Kinder natürlich auch allerlei Unterhaltung. Dazu gehörte auch, dass sie auf ihren Schultaschen den Maria Troster Berg hinunterrutschten, allerdings nicht auf der Seite, die am Nachhauseweg lag, sondern auf der hinteren Seite des Berges. Doch nicht nur zum Vergnügen wurde der Weg über den Berg gewählt, er war zugleich auch die Ausweichrute, wenn sich Waltraud wieder einmal frech mit den älteren Buben angelegt hatte und eine Vergeltungsaktion drohte. „Ich habe nie zu den braven Kindern gehört und habe immer einen großen Umweg gemacht, wenn ich nach Hause gegangen bin.“ Besonders nach dem Krampustag war Vorsicht geboten, wenn sie es wieder einmal geschafft hatte, die Kramperln bis aufs Blut zu sekkieren.

In diesen ersten Dezembertagen holte Waltraud meist die kleinen bunten Toilettenseifen aus einer Holzkiste hervor. Sie hatte hin und wieder von den Frauen, bei denen ihre Mutter arbeitete, eine geschenkt bekommen und sie dann sorgfältig in ihrer Kiste aufbewahrt. Die Seifen waren höchst willkommen, den aus ihnen konnte man kleine Figuren schnitzen und so eine nette Weihnachtsfreude bereiten. „Meine Mutti war äußerst bescheiden. Zu ihrem Geburtstag im Frühjahr wünschte sie sich nur die zartgelben Primeln auf einem Teller und zu Silvester schenkte ich ein aus Seife geschnitztes Neujahrsschweinderl, das Glück bringen sollte.“

Das Glück jedoch war Mutter und Tochter nicht gerade hold, denn die desolate Baracke durfte per Bescheid nicht mehr länger bewohnt werden und wurde zum Abbruch freigegeben. Mit ihren hart erarbeiteten Ersparnissen kaufte die Mutter ein Grundstück. Das Haus, von dem beide träumten, sollte noch lange ein Traum bleiben. Vorerst reichte es gerade einmal für einen Keller. Die Bretter der Baracke dienten als Fußboden. Der Keller selbst war bestenfalls ein etwas besserer Verschlag. Die Ziegel wurden nur geschlichtet und darauf ein schräges Flugdach gegeben. Es gab die nötigsten Räume, aber im Schlafzimmer hatte gerade eine

Kommode und ein Bett Platz, in dem beide schliefen. Eine Eingangstür gab es nicht, ins Haus gelangte man nur, wenn man durchs schmale Fenster ein- und ausstieg. Schierer Luxus dagegen war ein eigener Brunnen, dessen Wasser jedoch nicht lange floss, da er von irgendjemanden abgegraben wurde. So musste die Mutter die Wäsche wieder im Bach im Wald waschen.
In solch kargen Zeiten stellt keiner große Ansprüche an den anderen, sondern freute sich über die Zuneigung und Liebe, die über jedes noch so große Geschenk hinausragen. „Ich glaube, dass es nicht auf die Menge angekommen ist, sondern dass Weihnachten für mich ein Fest war, wo die Mutti Kekse gebacken hat und ich gespürt hab, dass sie mich gern hat.“ Liebe heißt auch, zu respektieren und zu verstehen lernen. Im Fall Waltrauds war es Verständnis dafür, dass die Mutter am Heiligen Abend sehr müde war und den Christtag für sich selbst brauchte. Das Mädchen saß im angenehm warmen Küchenraum am Tisch und blickte auf ihre schlafende Mutter. In den Tagen zuvor hatte sie beinahe Tag und Nacht gearbeitet. Auch Waltraud war müde, denn am Heiligen Abend durfte sie stets mit zur Mitternachtsmette gehen, womit sie einmal im Jahr ihren persönlichen Rekord im „Langeaufbleiben“ aufstellte. Während die Mutter tief und erholsam schlief, spielte das Kind mit den Figuren der selbst gebastelten Krippe, die ein wenig von den Fichtenästen des Christbaumes verdeckt wurde. Der Baum war mit einigen weißen Kerzen und einfachen Keksen geschmückt, die in rosafarbenes Zuckerlpapier eingedreht waren – die Lieblingsfarbe vom Christkind, das sich Waltraud Klasnic stets als ein Kind mit blonden Locken und watteweichen Flügeln vorgestellt hat.

Das Christkind ist ihr wie sie sagt, in einigen bewegenden Momenten ihres Lebens tatsächlich begegnet. Etwa an jenem Heiligen Abend, als sie, bereits Landeshauptmann der Steiermark, die Weihnachtsfeiertage im Krankenhaus verbringen musste. „Ich habe damals mit dem Schicksal gehadert, dass es gerade mir passiert, Weihnachten im Spital zu sein und nicht wie

in den vielen Jahren zuvor im Kreise der Familie“, gesteht sie. In diese sentimentale Stimmung platzten am späteren Abend eine junge Frau und ein Mann mit Gitarre ins Zimmer, die sich neben das Krankenbett stellten und zu singen und musizieren begannen. Sie hatten ein Geschenk vom VinziDorf mitgebracht [Anmerkung: Das VinziDorf ist ein Projekt der Grazer Pfarre St. Vinzenz, in dem den Gestrandeten der Gesellschaft, wie zum Beispiel Obdachlosen und Alkoholikern, Essen und ein Dach über dem Kopf geboten wird.]. Dieses Geschenk war eine kleine selbst gebastelte Krippe, in der ein kleiner Zettel steckte. Die Botschaft der Zeilen waren an Waltraud Klasnic gerichtet: „Du bist krank, wir sind krank, jetzt gehören wir wieder zusammen.“
„Ich habe erkannt, wie wertvoll es ist, dass es Menschen gibt, die bei der Tür hereinkommen und einen aufbauen, denn damit ist die Hoffnungslosigkeit nicht so groß. Dieses Zusammengehörigkeitsgefühl hat mich wieder stark gemacht“, sagt sie über ihre Weihnachtszeit im Krankenhaus. „Man muss Weihnachten unter schwierigen Voraussetzungen erleben, dann kann man es wieder schätzen.“
Als Obfrau der Katastrophenhilfe österreichischer Frauen konnte Waltraud Klasnic sehr oft selbst Christkind sein. „Wenn man rechtzeitig helfen kann, dass der Weihnachtsabend anders ausschaut, dann ist man ruhiger und ein bisschen zufriedener. Ich habe sehr vielen dieser Familien geholfen, die das Einfachste auf der Welt benötigen“, sagt Klasnic, die nicht selten in die eigene Tasche greift, um rasch zu helfen. „Man soll nicht übers Teilen reden, wenn man sehr viel hat. Man soll eigentlich von den Menschen lernen, die selbst das Wenige noch teilen.“

Unter den Bittbriefen und Gesuchen, die Waltraud Klasnic in ihrer Funktion als Landeshauptmann immer wieder erreichen, war einmal ein Brief mit einem besonderen Weihnachtswunsch dabei. Es ging nicht um eine Geld- oder Sachspende, sondern darum, dass sie selber einen Besuch machen sollte. Eine Frau hatte geschrieben, dass sich ihr kranker Vater nichts sehnlicher wünsche, als ihren Besuch. „Als ich den Brief gelesen hatte, hab ich mich sofort an eine alte Frau in den sechziger Jahren zurückerinnert, der ich damals auch versprochen hatte, sie zu besuchen. Doch ich kam zu spät und konnte sie nur mehr am Totenbett sehen. Diesen Fehler bereue ich heute noch." Obwohl der Terminkalender in diesen letzten Novembertagen voll war, zögerte sie nicht, den Mann zu besuchen. „Ich habe ihn nicht gekannt, habe auch nicht gewusst, wie sein Umfeld ausschaut, aber ich habe geahnt, dass ich dort in irgendeiner Weise gebraucht werde."

Vor dem kleinen Haus wartete bereits die Tochter, die das „Christkind" zu ihrem Vater in die Küche führte. Er saß zusammengesackt in einem Stuhl, die knorrigen Hände ruhten auf seinen Oberschenkeln. Das Reden fiel dem ehemaligen Bauarbeiter schwer. Und dennoch erzählte er in dieser besonderen Nachmittagsstunde aus seinem erfüllten Leben. Seine Hände hielten inzwischen die Hände seines „Christkinds", die er nur für einen kurzen Moment losließ, um vom Marmorkuchen zu essen, den die Tochter mitgebracht hatte. „Den Marmorkuchen werde ich mein ganzes Leben nicht vergessen", sagt Waltraud Klasnic gerührt, die an diesem nebeligen Spätnovembertag Weihnachten feierte. Kurz nach ihrem Besuch starb der krebskranke Mann, der anscheinend nur mehr darauf gewartet hatte, seine allerletzte Weihnachtsfreude entgegenzunehmen. „Ich war sein allerletztes Christkindl und erlebte das erfüllteste Weihnachten in meinem ganzen Leben."

Raimund Ochabauer, der steirische Volkspfarrer

Das Fest der Freude

Ruhig war es im kleinen Ort Fischbach geworden, der im Winter unter der Tuchent von Frau Holle wohl geborgen war. Unaufhörlich schneite es in jenen letzten Novembertagen. Lange bevor die erste Elektrifizierung Ende der vierziger Jahre die langen Adventnächte erhellte, konnte der kleine Raimund dieser schneereichen Zeit nur Herrliches abgewinnen. Waren seine Eltern und mit ihnen auch die Großmutter während des übrigen Jahres mit der bäuerlichen Arbeit beschäftigt, so schneite es mit der weißen Pracht auch viel Zeit auf die Menschen herab. Die Stube war an den Adventnachmittagen voller als sonst. Der Vater war mit dem Schälen der Rüben beschäftigt, deren Duft sich mit dem der süßen Kekse vermengte, die im Ofen langsam eine goldgelbe Farbe bekamen. Die Mutter hatte alle Hände voll zu tun, mit dem wiederholten Öffnen und Schließen des Ofentürls auch die passende Temperatur für die Weihnachtskekse zu schaffen. So behielt sie den Herd – und damit auch das Backwerk – ständig im Auge. Lediglich für das Entzünden der Petroleumlampe wurde ihre Aufmerksamkeit kurz abgelenkt. Sie stellte die Lampe auf den knorrigen Tisch, an dem die Großmutter saß, die eifrig am Stricken war. Das Licht der Petroleumlampe sollte ihr das Arbeiten erleichtern. Alle konnten nur erahnen, was geschickt unter ihren Händen heranwuchs, denn kaum war das Selbstgestrickte fertig, landete es auch schon im geflochtenen Versteck der Großmutter, das am Heiligen Abend zur Freude aller im Haus geleert und dessen Inhalt verschenkt wurde.
Der Winter brachte eine willkommene Abwechslung zur üblichen Schinderei auf Feld und Hof. Man saß in der warmen Stube zusammen, es wurde viel miteinander gesprochen und das Jahr nicht mit blanken Zahlen in Büchern, sondern mit gut gemeinten Worten in angenehmer Atmosphäre bilanziert. Dazu trug auch das lodernde Feuer aus dem Tischherd bei, das die Wände rötlich

färbte und die Mutter zum Singen anregte. Die Kinder allerdings waren tagsüber nicht in der guten Stube zu finden, denn sie hatten ihr Vergnügen dort gefunden, wo sonst eher die Erwachsenen anzutreffen waren – auf der Dorfstraße.
Die abschüssige Straße, die sich vom oberen Ende im Ortsteil Gmoa steil und kurvig zum anderen Ende bis zur Kirche schlängelte, war im Winter eine ideale Rodelbahn. „Es war für uns Kinder auch nicht gefährlich, da hinunterzurutschen, weil im Winter eh kein Auto unterwegs war“, erinnert sich Raimund, der damals mit vielen anderen Kindern und Jugendlichen im Windschatten der anderen Holzrodelpiloten bis zur Kirche hinunterraste. Dann ging es wieder drei Kilometer hinauf zum Start, um noch schneller und mit noch mehr Radau hinterzustürmen. Die Kinder rissen an ihren Schnüren und Seilen, die an den primitiven Holzschlitten zum Lenken und Steuern angebracht waren. Sie fühlten sich dabei wie Erwachsene auf ihren Pferdekutschen, die auch mit dem Schnalzen und Ziehen der Lederzügel den Pferden die richtige Spur vorgaben.
Manchen im Ort wurde dieses bunte Treiben im rasanten Weiß doch zu viel. Und weil Zureden nichts genutzt hätte, bremsten sie den Eifer der lärmenden Rodler mit einer oder mehreren Schaufeln Schotter auf der Dorfstraße. Wer es üppig und mit Zorn tat, hatte dann auch wieder die der Adventzeit angemessene Ruhe vor seiner Haustür.
In den Stunden vor dem heiligen Fest bremste sich der Rodelspaß aber ein, denn da waren die Kinder in die weihnachtlichen Bräuche und Rituale eingebunden. Dazu gehörte im christlichen Haus der Großfamilie Ochabauer auch das Christbaumstehlen.
Der Christbaum musste immer vom Ältesten in der Familie, von Raimund, am Vortag des Heiligen Abends aus dem Wald geholt werden. Ausgesucht hatte er den Baum meist schon im Sommer zuvor, denn für den Jungen war es eine große Auszeichnung, für das Christkind einen Baum zu holen. Er hoffte, dass auch der Baum die Auszeichnung fühlen würde, wurde er doch nicht wie andere Bäume wegen des Holzes und des Reisigs zusammenge-

schnitten, das dann vielleicht als Fußabstreifer Verwendung fand. Keiner würde auf den zarten Nadelästchen des Christbaums herumtrampeln oder ihn einfach als abgedienten Peitschenstecken ins Feuer werfen. Bei der Auswahl des Baumes achtete Raimund sorgfältig darauf, dass er stets einen Baum nahm, der in einer Gruppe von Fichtenbäumchen mehr schlecht als recht Platz hatte. „Damals hab ich eh nur die kleinen Verhatscherten geholt, darüber war auch kein Waldbesitzer böse", sinniert Raimund Ochabauer heute.

Mit dem zukünftigen Christbaum ging der Bub stolz nach Hause, um das Bäumchen vor dem Haus in den Schnee zu stecken. „Die Eltern hatten auf unsere Heimkehr schon gewartet und noch sehnsüchtiger das Christkind, denn kaum war ich in der Stube bei der Großmutter, war der Christbaum auch schon vor dem Haus verschwunden, um tags darauf als Christbaum in der Stube zu hängen", erinnert sich Raimund an den mystischen Werdegang seines Christbaumes, der an einem Eisenhaken mittig in der Stube aufgehängt wurde. An seinen Ästen hingen Würfelzucker, die in weißes Papier eingewickelt waren und die selbstgemachten mürben Kekse, die es den Kindern angetan hatten. Gelegentlich brachen die Kekse von ihren feinen Zwirnfäden, allerdings konnte es vorkommen, dass gerade keines der Kinder da war und die Katzen sich an dem unerwarteten süßen Weihnachtsgeschenk labten. „Wir Kinder haben schon gschaut, dass die Kekse a bisserl leichter vom Christbaum gfallen san, da haben wir schon nachgeholfen", gesteht Raimund.

Sehr viel haltbarer als die verlockenden Weihnachtskekse aber war auch die selbstgebastelte Krippe nicht. In einer Zeitung waren vor Weihnachten Kartonblätter beigelegt worden, auf denen alle Krippenfiguren zum Ausschneiden aufgedruckt waren. An der untersten Seite wurden sie umgeknickt und auf den Kartonboden geklebt, der mit ein wenig Moos ausgelegt wurde. Zwei grobe Rindenstücke dienten als Dach und die winzige Birne der Taschenlampe als heller Komet, der sich ähnlich wacker hielt, wie Josef und Marie, die Ochsen und die Hirten.

„Den Josef hat's gleich einmal mit dem ersten Nieser umgeworfen und die Hirten standen auch ganz schief in der Krippen herum“, schmunzelt Raimund. In den vierziger Jahren gab es auch noch eine andere Quelle für Krippenfiguren, denn sie waren als Sammelfiguren in den Packungen von Kathreiner- und Feigenkaffee zu finden. Vermutlich stammt auch aus jener Zeit Raimund Ochabauers Kaffeeleidenschaft. Mit dem eifrigen Kaffeetrinken war auch gleich eine komplette Krippenausstattung beieinander, zumindest eine riesige Herde an Schafen, dreimal der gleiche Josef und das Jesuskind als Zwillingsgeburt in der Krippe.

Kaum waren die Weihnachtsfeiertage vorüber und das neue Jahr angebrochen, zogen die Buben im Ort als Heilige Drei Könige von Haus zu Haus. Angeregt wurden sie von den Drei-Königs-Sprüchen im Reimmichlkalender, der auch gleich die Anleitung frei Haus lieferte, wie man sich mit einfachen Utensilien wie Könige vom Orient kleiden könnte. Die Ausstattung kam aus Omas Kastenlade. Mit dem roten, weiten Unterkittel, der viel zu großen Bluse und dem weißen Umhang war das Erscheinungsbild noch weit von dem eines morgenländischen Königs entfernt, doch die selbst gebastelten Kronen ließen keinen Zweifel an der Majestät der Fischbacher Königskinder. An einem einfachen Stecken prangte der Heilige Stern, der sie von Haus zu Haus führte und ihr erstes Taschengeld verdienen ließ. Damals konnten die Drei-Königs-Singer das gesammelte Geld als Lohn für ihre kreative Verwandlungskunst behalten.

Raimund sparte das Geld, denn für einen Schüler im Bischöflichen Knabenseminar von Graz, der er mittlerweile war, war eine Uhr ganz praktisch. Das Hinfiebern auf die Erfüllung seines Herzenswunsches konnte ihn aber kaum von seinem großen Heimweh ablenken. Seine Gedanken waren stets bei seiner Familie und seinen drei Geschwistern in Fischbach. So war die Freude auf Weihnachten eine doppelte, denn nach Monaten in der Fremde konnte der Schüler endlich wieder nach Hause fahren. Das wollte er jedoch nicht mit leeren Taschen tun. Im ersten Jahr

seiner Grazer Schulausbildung kam er mit Vanillekipferln heim, die er erstmals als Novität in sein Elternhaus brachte. „Meine Mutter hatte zuerst lange den exotischen Geruch der Kipferl ausgekostet, bis sie ein wenig vom zarten Stück genussvoll auf der Zunge zergehen ließ." Ein Jahr darauf kam er mit einem Kranz Feigen zu seinen Lieben nach Hause. Der kulinarische Entwicklungshelfer machte es Peter Rosegger nach, der das, was er in der weihnachtlichen Großstadt sah, auch gleich bei sich Zuhause ausprobierte.
Bei einer seiner Straßenbahnfahrten vom Grazer Hauptbahnhof in Richtung Hauptplatz erblickte Raimund die Auslage einer Wachszieherei, in der ein Christbaum samt Kerzen in allerlei Farben prangte. Für ein Kind vom Land war das ein magischer Anblick, denn Kerzen an einem Baum hatte er bis zu diesem Zeitpunkt noch nie gesehen. Allerdings konnten sich nur die Betuchten diese Pracht leisten, die ihre Geschenke standesgemäß unter einen hell erleuchteten Christbaum legten. Es waren nämlich nicht nur die Kerzen allein, die diesen Luxus für die ärmere Landbevölkerung fast unerschwinglich machten, denn zu den Kerzen gehörten auch die goldenen und silbernen Kerzenhalter, die so teuer waren, wie Mehl und Zucker für ein halbes Jahr.
Doch weder Mehl noch Zucker vermochten seine Geschwister in so eine Verzückung zu versetzen, wie es die Kerzen taten, die erstmals in Fischbach einen Christbaum zum Erstrahlen brachten. Dafür opferte Raimund sein Erspartes, das er nicht für die ersehnte Uhr ausgab, sondern für rote, violette und rosafarbene Kerzen, die in edles Seidenpapier eingepackt wurden. Das Paket mit dem besonderen Inhalt legte er behutsam zwischen Hemd und Hose in den Koffer, den er auf seiner Fahrt von Graz nach Fischbach vorsichtig auf seinen Oberschenkeln hielt. Jede Erschütterung des Postbusses auf der vierstündigen Fahrt konnte dadurch abgefedert und die Kerzen heil in die Heimat gebracht werden. Den Koffer hatte er zudem auch noch mit einem Lederriemen umspannt, damit nichts verloren gehen konnte.

Wochenlang hat sich der Seminarist auf die Weihnachtsferien gefreut, die Tage bis zur Heimfahrt gezählt und innig darum gebetet, dass kein Schneesturm die lange Fahrt auch nur um eine Minute verzögern würde. Eilig lief der Bub von der Bushaltestelle hinaus zum Elternhaus. Die Stube kam dem Heimkehrer kleiner und niedriger vor. Das lag wohl daran, dass man in der Großstadt den Maßstab für ein schlichtes Bauernhaus verliert. Was er jedoch nicht verloren hatte, war das Gefühl für die Gemütlichkeit und Wärme, die er so sehr vermisst und sein Heimweh stets am unerträglichen Köcheln gehalten hatte.
„Hast uns wieder was Bsonderes zum Essen mitbracht?", fragten die Geschwister ihren Bruder, der freudig von der Familie empfangen wurde. Mit dem Verneinen sah er auch die Enttäuschung im Gesicht des Jüngsten, der sich auf die Leckereien aus der Stadt gefreut hatte. Keine Vanillekipferln und auch keine dieser wunderbaren Feigen. „Ich hab einfach nie von der Schule die Erlaubnis gehabt, in die Stadt zu fahren, um euch was kaufen zu können. Vanillekipferln haben wir auch nicht geschenkt bekommen", verteidigte Raimund seine leeren Taschen, wobei er seinen Koffer jedoch fest zwischen seine Beine geklemmt hatte, damit keiner auf die Idee käme hineinschauen zu wollen. „Ausschaun tuat unser Raimund guat", lenkte die Mutter die Geschwister ab. An Hunger hatte ihr Ältester in Graz nie zu leiden gehabt, denn wie auch andere in seiner Klasse wurde das Heimweh stets mit Deftigem von Zuhause zu stillen versucht. Viel hätte er zu erzählen gehabt, von den großen Geschenkspaketen in den Schaufenstern, die nur Attrappen waren und von den echten Geschenken, die emsig durch die Stadt getragen wurden und den Beginn einer kommerziellen Weihnacht signalisierten, die den Leuten vom Land noch völlig fremd war. Die Großstadtgeschichten sparte er sich für die nächsten Tage auf, denn er musste sich noch um den Christbaum kümmern, den er erst aus dem Wald holen musste.
Als er sich am späten Abend im hellen Mondlicht aufmachte, den Baum zu holen, versteckte er den Koffer unter seinem Bett.

Am Heiligabend würde der erste Christbaum mit echten Kerzen in Fischbach erstrahlen. Dafür musste der Baum diesmal ein ganz besonderer sein, denn seine Äste mussten stark und gerade sein, um die Kerzen zu halten. Um also keinen Fehler zu begehen und eventuell gar einen ungeeigneten Baum zu nehmen, machte Raimund vorsichtshalber einen Test mit Tannenzapfen, die er in die feinen Äste seines ausgesuchten Fichtenbaumes zwängte. Die Zweige neigten sich bloß ein wenig unter dem Gewicht der Tannenzapfenkerzen, und so war sich Raimund sicher, dass das gewählte Bäumchen christbaumkerzentauglich war.

Als er vom Christbaumholen wieder zurückkam, wartete nur mehr die Mutter in der Stube, die dem hungrigen Buben eine Eierspeise auf den Tisch stellte. „Ich hab das Essen auch wie ein hungriger Wolf verschlungen und wollte danach wie ein Bär schlafen, aber es gelang mir net so recht. Ich war derart damit beschäftigt zu überlegen, wie i denn unbemerkt die Kerzen auf des Bamerl bringen werd."

Nur die Zeit, in der die Eltern die Stallarbeit verrichteten, blieb ihm dafür, dem Christkind mit seiner Überraschung unter die Arme zu greifen. Die Großmutter wurde gemeinsam mit den jüngeren Geschwistern unter dem Vorwand, dass er heuer die Geschenke unter den Baum legen wolle, aus der Stube in den Vorraum geschickt. Indes hatte Raimund schon längst die Kerzen links und rechts in seiner Hosentasche versteckt, die er nun hurtig mit Hilfe von sehr bizarren Kerzenhaltern auf die Zweige steckte. Nun kam allerdings die Physik ins Spiel, denn als Raimund im Wald den Test mit den Zapfen gemacht hatte, waren die Äste des Bäumchens gefroren und daher hart und steif gewesen. Nun waren sie in der Wärme der Stube geschmeidig und weicher geworden, sodass Raimund nur mit viel Mühe die bunten Kerzen am Baum verteilen konnte, die jedoch auch in ihrer Schräglage nichts von ihrem Zauber einbüßten. „Es ist gar net leicht, ein gschicktes Christkindl zu sein. I hab dann aus dem kleinen Fenster zum Stall rübergschaut, damit i die Eltern gsehn hab, wenn

sie wieder ins Haus kommen sind.“ Dann musste alles schnell gehen. Er entzündete einen kleinen Holzspan an der Flamme der Petroleumlampe und stellte sich auf einen Holzschemmel, um die Kerzen am Christbaum anzuzünden.
Dann stellte er sich neben den hell erleuchteten Christbaum und horchte auf die Schritte, die am knorrigen Fußboden schon vom Eingang her zu hören waren. Wie üblich nach der Stallarbeit kam der Vater mit der Familie wieder zurück in die Stube, um vor der Bescherung noch zu beten. Die Tür ging auf, sie traten ein und standen wie versteinert vor dem himmlischen Geschenk. Einen Augenblick herrschte Schweigen. Die Großmutter brachte nur ein „Heilige Maria Mutter Gottes“ über die Lippen, als sie die Lichter am Baum sah. Sie brannten so still vor sich hin und spiegelten sich wie Sterne in den runden Augen der Kleinen, die ihre Finger in tiefer Andacht falteten.
„Wos ist denn dem Buam da eingfallen“, brummte der Vater, der diesen Zauber nach einem dezenten Wink der Mutter doch dem Christkind zuschrieb. „Kinder, des Christkindl hat uns den schensten Bam in ganz Fischbach brocht.“
Solange die Lichter brannten, blieben alle in der Stube andächtig stehen, um nichts von diesem glänzenden Weihnachtswunder zu verpassen. Sie schauten und staunten. Das Wachs tropfte auf den Holzboden und Tränen der Rührung glänzten auf den Wangen der beiden Frauen. Von diesem Weihnachtsabend an waren die Wachskerzen am Christbaum so selbstverständlich, wie die gestrickten Handschuhe und Wollsocken der Großmutter, die schließlich nach dem Erlöschen der letzten Kerze ausgepackt wurden.

Einen Christbaum hatte Raimund Ochabauer auch später als Kaplan und Pfarrer immer gehabt. Beinahe hätte es eine Ausnahme gegeben. Im obersteirischen Murau hatte sein Vorgesetzter, der Kreisdechant, kein Verständnis dafür, wie er auch kein Verständnis für die Volksnähe seines jungen Kaplans aufbringen wollte. Während Raimund in seiner vorhergehenden Pfarrgemeinde als Kaplan mitten unter den Leuten wirken durfte, war es ihm in der Stadtpfarre mehr oder weniger untersagt, sich unter das normale Volk zu mischen. Aber kein Verbot konnte ihn wirklich abhalten, den Kontakt zu den Menschen zu suchen. So gesellte er sich zu ihnen beim Kartenspielen, beim Volkssingen und im Winter auch beim Eisstockschießen. Beim Eisstockschießen gab es keine gesellschaftlichen Schranken. Schnell erkannten die Murauer das große Talent ihres Kaplans, denn es schien, als säße auf seinem Stock der Herrgott selber drauf, so zielsicher platzierte er stets seinen Eisstock. Allerdings schoss er auch manchmal – bildhaft gesprochen – übers Ziel hinaus, wenn seine Begeisterung mit ihm durchging und er fast auf seine Pflicht vergaß. Wie an einem denkwürdigen Adventsamstag. Das letzte Drittel der Eispartie war angebrochen und es stand unentschieden. Das ermahnende Läuten der Glocken zur Adventandacht kam kaum gegen den begeisterten Spiellärm an. Eigentlich hätte sich Raimund Ochabauer mit den Glockenschlägen vom Spiel losreißen müssen, doch zu entscheidend war sein Schub für sein Team. In der Gewissheit, zu spät in die Kirche zu kommen, aber dafür vielleicht einen Sieg für sein Team herauszuschießen, machte der Kaplan seinen entscheidenden Schub. Der Eisstock verfehlte das Ziel um keinen Zentimeter. Sein Team jubelte. Aber der Kaplan konnte sich nicht mehr gebührend gratulieren lassen, er musste zur Kirche. Im Davoneilen hörte er bald nur mehr von fern die Begeisterung seiner Mitspieler. Er kam gerade noch rechtzeitig zur Messe, aber der strafende Blick des Kreisdechants brachte ihn rasch wieder auf den Boden der kirchlichen Realität zurück. Strafe musste sein und diese wurde vom rechthaberischen Vorgesetzten mit „Weihnachtsentzug" festgelegt. Zwar gab es die feierlichen Messen, doch im Pfarramt selbst blieb kein Platz für Feierlichkeiten und Emotionen. So rationell das Dienstverhältnis zwischen Pfarrer und Kaplänen war, so kühl verblasste auch der zwischenmenschliche Glanz der Heiligen Nacht. Doch das Christkind mag solche Aktionen nicht und schon gar nicht, wenn diese auch noch innerhalb kirchlicher

Gemäuer passieren. So bekam er am Heiligen Abend Besuch von einer Gruppe junger Menschen aus der Pfarre St. Stefan ob Stainz, in der Raimund Ochabauer zuvor als Kaplan tätig gewesen war. Sie brachten ihrem geschätzten Kaplan einen geschmückten Christbaum mit, als hätten sie gespürt, dass es um den Weihnachtsfrieden in der neuen Pfarre nicht gut bestellt war. Das Bäumchen als Beweis der innigen Freundschaft des Kaplans mit den Schäflein verbesserte keinesfalls das Verhältnis zum Kreisdechant. Schließlich ließ sich der Kaplan zwei Jahre später in die Oststeiermark versetzen.

Wenn man es so sehen möchte, hatte Raimund Ochabauer in seiner neuen Pfarrgemeinde Hartberg das ganze Jahr über Weihnachten. Der Dechant meinte es gut mit seinem neuen Kaplan, der sich besonders um bedürftige Kinder kümmerte. Sein Bemühen beschränkte sich nicht nur auf die Stunden des Religionsunterrichtes, er war auch als Regisseur der Kindertheatergruppe, Volkstanzlehrer und Taxichauffeur aktiv. In seinem damaligen Puchauto fanden oft bis zu sechs Kinder Platz, die er nach den gemeinsamen Aktivitäten nach Hause brachte. Doch es sollten nicht nur die schönen, unterhaltsamen Stunden miteinander geteilt, sondern auch am schweren Schicksal anderer Anteil genommen werden.
Das Schicksal einer kinderreichen Familie in einer Nachbargemeinde beschäftigte Raimund Ochabauer außerordentlich. Der Vater war gestorben und die Mutter war sehr krank und würde wahrscheinlich auch bald sterben. In der Familie lebten fünf Kinder, die alle in den Klassen waren, die Ochabauer als Katechet unterrichtete.
Kurz vor Weihnachten lag die Mutter wieder im Krankenhaus. Es sollte für sie ihr letzter Wunsch sein, den sie an Raimund Ochabauer richtete. Sie wollte über die Weihnachtsfeiertage nach Hause zu ihren Kindern und bat den motorisierten Kaplan, ob er sie chauffieren könnte. In der weiten verschneiten Landschaft wirkte der Puchwagen wie verloren, als er sich seinen

Weg zum entlegenen Bauernhaus bahnte, aber auch an die Grenzen seiner Mobilität kam. Mehrere hundert Meter vor dem Haus war die Fahrt zu Ende, denn die Feldwege waren tief verschneit und nicht mehr sicher auszumachen. Inmitten dieser unschuldigen weißen Pracht stand das ärmliche Haus.
Raimund Ochabauer stützte die sterbenskranke Frau, die diese Hilfe gerne annahm. „Ich werde diesen tiefen Moment nicht vergessen, wie wir zwei über dieses verschneite Feld gegangen sind. Es erinnerte mich an die Weihnachtsgeschichte von Josef und Maria, die sich auf ihren beschwerlichen Weg machten. In mir war das väterliche Gefühl, dass ich nun den Kindern die Mutter bringen durfte“, erinnert sich Raimund Ochabauer an diese Begebenheit.
Die Bauernstube war geheizt, die Kleinsten saßen artig um den Bauerntisch herum, der den kleinen Raum dominierte. Es duftete nach Kletzenbrot und Speck, den die Älteste der Familie als Festtagsjause aufgeschnitten hatte. „Kinder, ihr müsst heuer auf eure Weihnachtskeks verzichten“, entschuldigte sich die Mutter bei ihren Sprösslingen und dachte wohl auch an die fehlenden Geschenke. Aber wie erstaunt war sie, als sie die vielen Geschenke sah, die unter dem Christbaum lagen. Das Geheimnis war rasch gelüftet. Viele Christkindln von Hartberg waren im Spiel gewesen, die von Raimund mobilisiert worden waren. Kurz vor Weihnachten sprach er in seiner Predigt in der Kindermesse über das Teilen und Helfen. In einem Nebensatz erwähnte er die fünf Halbwaisen, die zu Weihnachten auch gerne vom Christkind ein Spielzeug geschenkt bekämen. Und schließlich könne es kein ungerechtes Christkind geben, das nur zu reichen Kindern komme und erst recht nicht in seiner Pfarrgemeinde. Die Botschaft kam an, was folgte war eine wahre Lawine der Nächstenliebe. Die Kinder trennten sich von Puppen und Teddybären und anderen Spielsachen, welche sie zur Genüge hatten und bereiteten den fünf Halbweisen eine Riesenfreude. Die Stube glich an diesem Heiligen Abend einem Spielwarengeschäft, so groß war die Anteilnahme der Hartberger Bevölkerung

gewesen. Die Familie war glücklich über das Gefühl, nicht nur materiell reich beschenkt worden zu sein. Für die Mutter war es das Geschenk, mit der Familie wieder vereint zu sein, für die Kinder, die Mutter in ihrer Mitte zu haben und für den Priester das Gefühl, familiäre Verantwortung zu tragen. Lange blieb Raimund Ochabauer in dieser Nacht bei der Familie und feierte mit ihr das Weihnachtsfest, wobei wohl alle wussten, dass sie in dieser Gemeinschaft nie wieder dieses Fest feiern würden. Die schwer kranke Bäuerin ging nicht mehr ins Krankenhaus zurück, sondern blieb auch während der Feiertage bei den Kindern. Mit dem Ende des Jahres starb die Mutter der fünf Kinder. Die Kinder sind heute erwachsen und haben selbst Kinder und Enkel, doch das eine oder andere Spielzeug, ob Puppe oder Teddybär, das zum letzten gemeinsamen Weihnachtsfest mit der Mutter unterm Christbaum lag, wird von ihnen gehütet wie ein Schatz, in Erinnerung an die von Raimund Ochabauer initiierte Weihnachtsfreude. „Es war für mich immer eine gewisse Genugtuung, anderen Menschen geholfen zu haben, auch wenn ich manchmal gewusst habe, dass es nicht unbedingt ideal eingesetzt wurde."

Dieses Gefühl hatte Raimund Ochabauer einmal, als bei der Vorbereitung auf die Mette ein Mann auf ihn zutrat, der ihn ungeniert in der Kirche um Geld und Alkohol anbettelte. Der Priester zögerte nicht lange und gab dem Mann ein paar Hunderter. Er wollte nicht nachfragen, wofür er nun das Geld verwenden würde, sondern wünschte lieber ein schönes Weihnachtsfest, das vielleicht mit seiner privaten Gabe an den Mann, der einen heruntergekommenen Eindruck machte, eine Spur schöner ausfallen würde. Der Zufall wollte es, dass sich beide Männer Jahrzehnte später zufällig auf dem Grazer Hauptplatz an einer Würstelbude trafen. Raimund Ochabauer hatte die einstige Begegnung schon längst vergessen, nicht jedoch jener Mann, der nun einen sehr gepflegten Eindruck machte, als hätte er den Weg aus seiner damaligen Lebenskrise gefunden. Erfreut begrüßte er seinen einstigen Spender. „Darf i dem Herrn Hochwürden sein Würschtl zahlen?“ Raimund Ochabauer blickte ihn groß an. „I bin der, dem S’ zu Weihnachten 300 Schilling geben ham. I kann Ihnen gar net sagn, wie sehr mir damals des Göld ghulfen hat.“

Geben ist seliger denn nehmen, doch mitunter freut sich auch ein Priester, wenn sein Wunsch in Erfüllung geht. Dieser war ein Schwarzweiß-Fernseher, der in den sechziger Jahren noch Luxus der abendlichen Unterhaltung war. So war es auch nicht verwunderlich, dass der Kaplan des Öfteren außer Haus war, um beim Kirchenwirt um die Ecke mit dem Paul Löwinger zu lachen oder dem Toni Sailer bei den Olympischen Winterspielen die Daumen zu drücken. Zwar tat er das immer wieder mit einem schlechten Gewissen, denn der Hartberger Stadtpfarrer bedauerte als sein Vorgesetzter doch hin und wieder die fernsehbedingte Abwesenheit seines Kaplans. Doch wer konnte damals schon am Mittwochabend der Löwinger-Bühne wiederstehen, die sogar den Pfarrer dazu veranlasste, an diesem Wochentag keine Abendmesse mehr anzusetzen, da viele die neuen Stars aus dem Kastl bevorzugten. Wenn also auch die beiden Kapläne der Pfarre in aller Öffentlichkeit fernsehen, kann man es der Bevölkerung auch nicht verübeln.
Die Sehnsucht nach einem eigenen Fernseher im Pfarrhaus war so groß, dass Raimund Ochabauer mit 30 Jahren erstmals einen Brief an das Christkind schrieb. „Liebes Christkind! Wir sind zwei Kapläne in Hartberg und versprechen alles zur Zufriedenheit unseres Pfarrers zu machen und deshalb wünschen wir uns so sehr einen Fernseher, damit wir nicht so oft außer Haus gehen müssen. Der Pfarrer würde sich darüber sehr freuen.“
Dieser Brief ans Christkind musste von der Pfarrerskköchin im Schreibzimmer des Stadtpfarrers so versteckt werden, dass dieser ihn auch ganz „zufällig“ finden konnte. Er musste ihn auch gefunden und gelesen haben, denn das Christkind erfüllte den Herzenswunsch und die beiden Kapläne waren ab diesem Heili-

gen Abend nicht mehr beim Dorfwirt gesehen, zumindest nicht mehr zum Fernsehen.

Schließlich kamen für Raimund Ochabauer auch Zeiten, wo er nicht vor dem Fernseher saß, sondern selbst aus dem Kastl rausschaute. Doch es sollte nicht nur seine frappierende Ähnlichkeit mit dem legendären Schauspieler Fernandel alias Don Camillo sein, um Fernsehteams in seine oststeirische Basilika in Pöllau zu bringen.
Für großes mediales Aufsehen sorgte das Öffnen der Kirchenpforte für einen Popstar, der am ersten Adventsonntag des Jahres 2001 die große Stadthallenbühne einer Millionenstadt gegen den Altarraum in der Pfarrkirche Pöllau tauschte.
DJ Ötzi sollte schließlich der Popstar sein, der anlässlich einer Adventfeier für „Licht ins Dunkel" in einer Kirche singen durfte. Manche Zeitungen agierten wie ein „ungläubiger Thomas", die das Kommen der damaligen Nr. 1 von Großbritannien als Gerücht abtaten.
Doch DJ Ötzi kam wirklich. Eingehüllt in einen roten Samtmantel, am Haupt ein Hauberl, das im Scheinwerferlicht wohl unübersehbar als sein Markenzeichen gefunkelt hätte, kam der Auftritt in der Kirche jedoch ohne grelle Scheinwerfer und mächtige Boxentürmen aus.
So voll wie zu dieser besonderen Kirchendarbietung war die Kirche sonst nur zur Christmette. Noch bevor das Glockengeläut der mächtigen Barockkirche den musikalischen Kirchgang von DJ Ötzi ankündigte, füllten sich alle Sitz- und Stehplätze, womit 3.000 Gläubige dieser „Licht ins Dunkel"-Feier beiwohnten. Gerry Friedle alias DJ Ötzi zupfte nervös an seinem Hauberl herum und riss es schließlich beim Betreten des Altarraumes vom Kopf. Es war wie ein Reflex auf die ungewohnte Situation, dass kein tosender Applaus den Star auf seine Bühne begleitete. Nur ein leichtes Raunen ging durch die Kirchenbänke, das als Willkommensgruß genügen musste. Der für den Künstler befreiende Applaus kam nach seinem Weihnachtslied. Mit aufmun-

ternden Blicken half Raimund Ochabauer die Nervosität seines Kirchensängers zu mildern. Zwei Jahre später kam DJ Ötzi wieder in die Pöllauer Kirche, diesmal jedoch als Bräutigam, um sich mit seiner Sonja von Raimund Ochabauer trauen zu lassen. Mit DJ Ötzi kamen noch viele andere volkstümliche Musiker, für die das Pöllauer Kirchenportal geöffnet wurde, die aber auch andere Menschen wieder zurück in die Kirche brachten. „Die Möglichkeiten sind unerschöpflich, jemanden die Hand zu reichen, ihn anlehnen zu lassen, ihn ein Stück mitzunehmen. Das ist auch für mich die Botschaft von Weihnachten.“

Helmut Pechlaner

Der Vogelhändler im Advent

Wenn es für die Menschen Weihnachten gibt, so muss es das Fest auch für die Tiere geben. Wenn für uns der Lichterbaum brennt, warum nicht auch für Katzen, Hunde und Pferde, die doch das ganze Jahr unsere Gefährten sind? Für Helmut Pechlaner war es, solang er zurückdenken kann, immer ein großes Geschenk, mit Tieren viele schöne Momente zu erleben. Wobei die erste tierische Freude nicht eine aus Fleisch und Blut war. „Ein Schaukelpferd war mei erste riesige Freud unterm Christbaum." Der populäre Zoodirektor sieht es immer noch vor sich stehen, dieses kleine Pferd aus Pappmaschee, das einem echten Pferd sehr ähnlich sah. „Ich hab mich jahrelang mit dem Schaukelpferd gespielt, aber es mit der Zeit zu Tode geritten", gesteht Helmut Pechlaner, der als jüngstes von acht Kindern in einer Großfamilie in Innsbruck aufgewachsen ist. Da wurde am Heiligen Abend viel gesungen und musiziert. Die Mutter spielte Klavier, die Kinder die unterschiedlichsten Instrumente und der Vater brummte dazu. In der großen Stube stand ein kunterbunter Christbaum, der heute von Weihnachtsdekorateuren als „chaotisch" bezeichnet werden würde, der aber vom Vater in dieser lebhaften, bunten und natürlichen Art gewünscht wurde. Da waren auch noch acht Stühle, die feinsäuberlich in exakten Abständen in einer Reihe aufgestellt wurden. Für jedes Kind stand ein Stuhl neben dem Lichterbaum. Darüber wurde ein Ballen Stoff ausgebreitet, aus dem in den ersten Tagen des neuen Jahres für alle Kinder einheitliche Hemden geschneidert wurden, die man das ganze Jahr über trug. Das war für den jüngsten Spross schon etwas Besonderes, der üblicherweise nur die abgelegte Kleidung seiner Geschwister zum Anziehen bekam. Die fühlten sich auch bemüßigt, das Brüderchen etwas zu erziehen, wogegen die Eltern bei ihrem letzten Kind die Zügel schon etwas loser hielten. „Vater und Mutter hatten es endlich aufgegeben, an den Kindern herumerziehen zu wollen, weil sie erfahren haben, dass es eh nix nutzt. Aber die größeren Geschwister griffen einerseits sehr liebevoll und andererseits mit schallenden Ohrfeigen ganz schön in die Erziehung von mir ein", hebt Pechlaner die Geschwisterliebe, aber auch Geschwisterhiebe hervor, wenn wieder einmal seine große Tierfamilie wichtiger war als alles andere rundherum. Doch wer hätte schon ahnen können, dass die Tierliebe ihres Bruders einmal auch seinen beruflichen Weg beeinflussen würde?

Dabei profitierte schon damals die Familie von seiner außergewöhnlichen Begabung, mit Tieren umzugehen. „Meine Freizeit habe ich eigentlich immer nur mit Tieren verbracht, die wir in unserem Garten gehalten und gezüchtet haben. Ich hab mich um die Hühnerhaltung, Bruthennen und Kaninchen gekümmert und damit auch sozusagen um das Festtagsessen zu Weihnachten. Seit i krabbeln kann, ist mir die Beschäftigung mit Tieren das Wichtigste. Die Tiere waren schon immer meine Welt."

Während andere Kinder in der Volksschule bunte Wellensittiche malten, war Helmut mit seinen acht Jahren bereits ein erfolgreicher Züchter. Der jüngste Vogelhändler von Innsbruck machte sich rund ums Goldene Dachl auch schnell einen guten Namen. Dass er in Zeitungen inserierte, aber auch Angebotszettel werbewirksam auf Bäume nagelte, brachte ihm vor allem in der Adventszeit ein gutes Taschengeld ein. Das war dem Vater auch nicht unrecht, der als Bankbeamter nicht so viel verdiente, um seinen Kindern noch ein Taschengeld bezahlen zu können.

Es war damals sehr außergewöhnlich, dass alle Kinder in einer Großfamilie in eine höhere Schule gehen konnten, denn dies bedeutete eine große finanzielle Belastung, die für den Vater der acht Kinder mit Verzicht verbunden war. „Mein Vater hat sich zwanzig Jahre lang den Urlaub ausbezahlen lassen, um das Geld in die Familie zu pumpen. Man kann sich das heute gar nicht vorstellen, dass jemand zwanzig Jahre lang keinen Urlaub gemacht hat. Noch dazu in einer Zeit, wo der Vater noch von einer 47-Stunden-Woche geträumt hat", macht Helmut Pechla-

ner die Leistungen seines Vaters deutlich, der sich selbst jene drei Monate herausstehlen musste, in denen er in einer Rekordzeit von nur zwölf Wochen das Haus für seine Großfamilie baute.
Tüchtigkeit und handwerkliches Geschick wurden auch dem jüngsten Sohn in die Wiege gelegt, der nach Kriegsende Scherben sammelte, um sich daraus sein erstes Glashaus zu basteln, wo er Blumen und Kakteen züchtete. Im Keller richtete er sich auch eine kleine Werkstatt ein, um Brutkästen, Vogelhäuschen und Volieren für seine gefiederten Mitbewohner zu bauen. „Ich habe in der Adventzeit aber auch für meine Geschwister und für die Eltern viele kleine Geschenke gezimmert." Die Geschwister hatten sich diese Aufmerksamkeiten wohl nicht immer verdient, denn sie führten den kleinen Bruder doch sehr oft an der Nase herum, auch wenn sie das nicht immer in böser Absicht taten. „Wenn ich durchs Schlüsselloch geschaut habe und die Geschichte vom Christkind nicht mehr so recht glauben wollte, dann haben mich die Größeren wieder hinters Licht geführt. Sie haben mich noch mit zehn Jahren davon überzeugen können, dass die Geschenke vom Christkind kommen und die Glocken zu Ostern nach Rom fliegen. Ich hab die Glocken sogar am Himmel fliegen sehen", lacht Helmut Pechlaner noch heute über seine Leichtgläubigkeit.
In der Tierwelt jedoch konnte ihm niemand etwas vormachen, denn die erforschte er leidenschaftlich zu allen Jahreszeiten.

Wenn sich der Schnee über das Land legte, war es für den späteren Schüler von Konrad Lorenz besonders interessant, die Tiere vom warmen Kinderzimmer aus zu studieren. Das war der Lohn seiner unermüdlichen Arbeit, auf jeden Baum im Garten Vogelhäuschen und Futterkästen zu hängen, die von den Vögeln auch gerne angenommen wurden, obwohl sie diese Gastfreundschaft auch strapazieren konnten.
Die frechen Gäste, insbesondere die Gimpel, kamen auch wegen der Obstbäume in Scharen, die es in dieser leckeren Auswahl am

Stadtrand von Innsbruck nicht so häufig gab. „Zum Leidwesen meiner Eltern, aber zur Freude meinerseits haben die Vögel die Knospen gegessen und dabei waren sie in den kahlen Bäumen auch sehr klar zu beobachten", bekennt sich Pechlaner zu seinen ersten Tierstudien, die er an den Bergfinken, die in der Nachbarschaft ihren Winterurlaub machten, fortsetzte, aber auch an den Meisen, die er in ihrer Vielfalt in einem dicken blauen Heft festhielt.
Er war so fasziniert von seinen gefiederten Freunden, dass das Erledigen der Hausaufgaben immer mehr zu einer unwichtigen Sache wurde. „Für mich war die Schule immer das Unnötigste und Lästigste, das man sich nur denken kann. Die Jahre in der Volksschule und im Gymnasium waren eine völlig vertrödelte Zeit. I wollt nur bei meinen Tieren sein", bekennt er heute seine schulische Unlust. Hausaufgaben wurden häufig eine halbe Stunde vor Schulbeginn am Klo abgeschrieben.
Abgeschrieben wurde der nachlässige Schüler auch von seinem damaligen Direktor, der dem Vater auf die schlechten Zeugnisse hin versicherte, dass für seinen Jüngsten überhaupt keine Chance bestünde, jemals die Matura zu schaffen. „Als mir dann das Wasser bis zum Hals gstanden ist, dann habe ich draufghaut. Und beim Studieren war dann das Interesse so groß, dass ich mein Studium als einer der beiden Besten abschließen konnte."

Tiere standen stets im Interesse Helmut Pechlaners. Das war auch am Heiligen Abend so, als der Bub gemeinsam mit seinem benachbarten Cousin stets in den Innsbrucker Alpenzoo ging, um zuerst die Tiere mit weihnachtlicher Festkost zu verwöhnen und dann auch noch die Besucher mit Zelten, Keksen und sogar Faschingskrapfen zu beschenken. Nun sieht Pechlaner keinen Sinn mehr in dieser Aufmerksamkeit von damals, mit der die Zoobesucher beschenkt wurden, die auch am Heiligen Abend in den Zoo kamen. Daran hat sich bis heute nichts geändert, denn viele Menschen vertreiben sich die Wartezeit aufs Christkind gerne im Schönbrunner Zoo. Nur eines hat sich geändert. „Jeder

steckt sich am Punschstandl die Süßigkeiten ins Gesicht. Da ist kana mehr neugierig darauf, noch was Süßes geschenkt zu bekommen, da will man einfach nur die Ruhe in der Tierwelt genießen“, ist sich Helmut Pechlaner sicher.
Damals im Alpenzoo Innsbruck hatte er jedoch alle Hände voll zu tun, die leckeren Weihnachtsgaben auszuteilen.
Spätabends noch ging er noch nach der Bescherung in den Kuhstall des Nachbarn, um dem Geheimnis der Tierweihnacht auf die Spur zu kommen. Lange starrte er den Kühen aufs Maul, um sie endlich reden zu hören. Bei jedem Wiederkauen schöpfte er Hoffnung, dass das Weihnachtswunder der Heiligen Nacht, wo die Tiere sprechen können, doch für ihn einmal wahr werden würde. Aber vergebens, nicht ein verständliches Wort bekam er zu hören.
Doch ein wahrer Freund der Tiere gibt nicht auf und lässt sie, auch wenn sie davon keine Ahnung haben und schon gar nicht darüber reden, am größten Fest des Jahres teilhaben. „Wenn ich freudig erregt und in Festtagsstimmung bin, dann lasse ich die Tiere auch mitfeiern und sie daran teilhaben, indem man mit ihnen spricht und was Besonderes vorbeibringt. Das ist eine Freude, die man sich selber macht.“ Auch heute hält es Helmut Pechlaner noch so, dass er einige Stunden am Heiligen Abend im Tierpark verbringt und oft erst spät am Abend mit der Familie zum Feiern kommt. Doch Stress lässt er in der Weihnachtszeit gar nicht erst aufkommen. „Meine Frau hat immer dafür gesorgt, dass es keinen Weihnachtsstress gibt. Des bisserl, was wir zu Weihnachten haben wollen, ist schon lange erledigt. Das Geheimrezept der beschaulichen Vorweihnachtszeit liegt im Herunterschrauben der Erwartungen und Forderungen. Man muss mit Bescheidenheit auf das Fest zugehen. Am besten ist es, man kapselt sich im Familienkreis ein und lässt von außen nur das auf sich zukommen, was unvermeidlich ist. Wenn man auch den anderen die Ruhe schenkt, dann wird es ein friedliches Fest.“

Nikolaus Presnik alias Nik. P.

Das Christkind hat auf mich vergessen

Er was das erste Weihnachtsfest, das der 5-jährige Nikolaus Presnik aus Friesach richtig mitbekam. Doch das Warten auf das Christkind sollte nicht Zuhause in Kärnten passieren, sondern bei seiner burgenländischen Tante, die den Buben zu den Weihnachtsfeiertagen eingeladen hatte. Heiliger Abend inklusive. Der Abschied fiel schwer, denn Nikolaus wurde erstmals von seinen Eltern getrennt und noch dazu in der Weihnachtszeit. „Das Christkind findet jedes Kind auf der Welt, egal wo es auch ist“, sagte die Mutter beim Abschied und wollte mit ihren gutgemeinten Worten die Tränen ihres Jungen stillen. Insgeheim beruhigte sie ihr eigenes Gewissen, denn es war ihr nicht wohl zumute, ihr Kind über Weihnachten fortzuschicken. Zwar unternahm der kleine Mann keine Weltreise, doch für Kinder in diesem Alter ist jeder Weg, der länger dauert als zum Greißler, ein sehr langer. „Für das Christkind nicht“, dachte sich der Bub während der Fahrt.

Bei der Gastfamilie angekommen wurde er von den anderen Kindern gleich dazu eingeladen, den frisch gefallenen Schnee auszuprobieren. In der alten Scheune lag auch noch ein Schlitten, der zwar nicht mehr der neueste war, aber seinen Zweck allemal erfüllte. Die schmalen Eisenkuven am Holzschlitten waren leicht angerostet und Nikolaus zog bei seiner ersten Fahrt vom sanften Hügel rostbraune Spuren durch das jungfräuliche Weiß. Doch je länger er auf seinem Rutschgefährt saß und sich von den Kindern antreiben ließ, umso schneller brauste der Bub, der zum ersten Mal mit einem Schlitten fuhr, vom obersten Stück des Weingartens direkt zur Tenneneinfahrt des Bauernstadels. Die Buben und Mädchen schwitzten unter ihren Wollhauben, die sie sich weit ins Gesicht gezogen hatten, um sich vor der Kälte und dem frischen Pulverschnee zu schützen. Immer wenn sich die Schlitten der Kinder durch ein rasantes Bremsmanöver vor der Tennentür querstellten, staubte der Schnee fontänenartig auf und bedeckte die Kleinen wie Schneemänner von Kopf bis Fuß. Üblicherweise trieb die Müdigkeit und die Kälte die Kinder nach Hause, doch an diesem Nachmittag war es auch die Aufregung, die sich mit dem Dunkelwerden wie ein Hungergefühl einschlich. Kein Wort wurde mehr darüber verloren, wer nun der Schnellere und der Geschickteste auf seinem Schlitten gewesen war. Nun diktierte das Christkind das weitere Geschehen und die Erwartungen der Kinder, die sich flüchtig voneinander verabschiedeten und, so schnell es eben mit einem Schlitten als Anhängsel ging, nach Hause liefen.

Durch die Fenster des Bauernhauses funkelte gelbes Licht, das auf das Gastkind sehr einladend wirkte, so, als würden sich Hände nach dem Buben ausstrecken, um ihn in die warme Stube zu bringen. Doch bevor die Tür zur Behaglichkeit offen stand, halfen sich die Kinder gegenseitig beim Säubern der Kleidung und Schuhe vom Schnee. Über die Schuhe fegte ein grober Reisigkehrbesen und über das Wintergewand kleine Hände, die klopfend die Hosen und Pullover vom angefrorenen Schnee und Eis befreiten. Die Belohnung dafür sollte an diesem Abend üppiger als sonst ausfallen, schon der liebevoll gedeckte Tisch mit den blumigen Feiertagstellern und dem polierten silbernen Kerzenständer, wies darauf hin.

Die Sinne der Kleinen hatten mit einem Schlag viel zu tun. Das Knistern im Holzofen war auf den heißen Wangen zu spüren, in den kleinen, leicht gefrorenen Fingern begann es zu kribbeln, der Magen verlangte mit einem heftigen Knurren nach dem, was da mit einer herrlichen, aber undefinierbaren Würze in der Luft lag. Dieser Vorfreude nicht genug, erklang vom Plattenspieler in der Ecke her das Lied von der „Oh du fröhlichen, Oh du seligen Weihnachtszeit“. Nikolaus war von der Atmosphäre so angetan, dass er nur kurz während des Essens mit seiner Gastfamilie an seine Eltern und Geschwister dachte, doch in diesem Moment läutete auch schon das Glöckchen und riss ihn aus seinen Gedanken. Nun ging alles so schnell, wie am Nachmittag auf der Piste.

Die Kinder stürmten ins Wohnzimmer und bremsten vor dem Christbaum ab. „Die Mutter hat recht gehabt, das Christkind findet wirklich jedes Kind“, dachte sich der Bub erleichtert im Glanz des Kerzenlichtes. Die Weihnachtsmusik vom Plattenspieler ging nun im Freudentaumel der Kinder unter, die sich nur mehr um die Geschenke und nicht mehr um ihren Gast kümmerten, für den seine kleine Welt ins Wanken geriet. Nikolaus ging um den Christbaum herum, um sein Weihnachtsgeschenk zu finden. Immer wieder blickte er hilfesuchend in die Augen der Erwachsenen, die anscheinend froh waren, selbst etwas bekommen zu haben. „Habe ich mein Geschenk übersehen, liegt es vielleicht ganz versteckt unterm Christbaum?“, hoffte der Bub und ging wieder und immer wieder um den Baum herum. Mit jedem sehnsüchtigen Blick wurde die Enttäuschung und die Bitterkeit immer größer. „Das Christkind hat auf mi vergessen, hat mi net gefunden“, seufzte der Bub in sich hinein. Er hätte auch theatralisch laut seufzen können, niemand wollte sich um ihn kümmern oder den zu Tode betrübten Buben trösten. Zu gerne wäre er jetzt nach Hause gefahren, doch wenn das Christkind nicht einmal einen kleinen seiner Wünsche erfüllen konnte, dann war dieser Herzenswunsch, am späten Heiligen Abend nach Hause zu den Eltern zu fahren, noch illusorischer. Er sagte nichts und weinte viele bittere Tränen, die wiederum keiner bemerkte, in den Kopfpolster.
Doch der bitteren Enttäuschung nicht genug, wurde er am darauf folgenden Tag von den anderen Kindern beim Rodeln auf seine Geschenke angesprochen. „Was hast denn kriagt vom Christkind?“, erkundigten sich die Kleinen, die ihre Geschenke schon als neuen Schianzug und neuen Schlitten ausführten. „Nichts, auf mich hat das Christkind vergessen“, flüsterte Nikolaus und schaute dabei auf den Schneeboden, wie einer, der etwas zu beichten hatte.
„Das Gelächter tat weh und die Angst wurde immer größer, dass sich noch jemand an meinem Schicksal, nichts vom Christkind bekommen zu haben, ergötzen wollte“, erinnert sich Nikolaus,

der sich heute noch stets zu Weihnachten an sein allererstes Weihnachtsfest erinnert, an dem er vom Christkind vergessen wurde.
Die „Vergesslichkeit“ versuchte das Christkind zuhause mit einem selbst gestrickten Pullover und einem Paar Stiefel mit dicken Einlagen wieder gut zu machen, doch die gut gemeinten, aber verspäteten Weihnachtsgeschenke konnten nicht über die Enttäuschung und über die Schmach hinwegtrösten, die seine Kinderseele erlitten hatte.

Das Christkind war zumindest in den darauf folgenden Jahren pünktlicher und aufmerksamer. So bekam der 8-jährige Nikolaus eine Seilbahn geschenkt, mit der das Christkind seine technische Leidenschaft bedachte. Niemand und nichts konnte ihn von seiner Spielzeuggondelbahn trennen, die mit einem Schalter zu bedienen war. Der Kleiderkasten war die Bergstation, auf die nun stundenlang am Tag die roten Gondeln mit ihren kleinen weißen Fenstern hinauf und wieder hinuntergeschickt wurden. Um das Spielen noch aufregender zu gestalten, lud Nikolaus Holzklötze in die Gondeln. Es gefiel ihm, wenn die Gondeln unter der Last stockten und nur mit dem Spannen der feinen Seile den „Kastengipfel“ erreichten. Endlich hatte er ein Spielzeug, das ihm ganz alleine gehörte und mit dem er in seine Fantasiewelt entfliehen konnte.
In der Familie Presnik ging es nicht immer sanft zu. Der Vater, ein russischer Kosake, der nach dem Zweiten Weltkrieg von Oberitalien kommend im Drautal gestrandet war, war ein herrischer Typ, der vieles gegen den Willen seiner Frau Maria und seiner fünf Kinder durchsetzte. „Wehe, du hast ihm widersprochen, dann ist er schnell aggressiv geworden“, bedauert Nikolaus die Launen seines Vater, an dem er am meisten Liebe und Zuneigung vermisste. „Nie hat er irgend jemand von uns in die Arme genommen oder an sich gedrückt.“
Nicht nur der Familie verweigerte er diesen lebens- und liebenswürdigen Funken an Zuspruch und Harmonie. Auch auf Besuch

kam kaum jemand, denn ein Besuch der Verwandtschaft endete meist mit Streiterei und Rauferei.
Nur zu den Weihnachtsfeiertagen kehrte so etwas wie Freude ein, wenn der Vater Besuch von seinen Freunden aus der Heimat hatte. „Wir Kinder hatten immer das Gefühl, als hätte der Vater für wenige Stunden das Glück gefunden." Es wurde gesungen, getanzt, viel getrunken. Bier und Wodka flossen in Strömen. Der Wodka wurde nicht in kleinen Schnapsstamperln gereicht, sondern gleich in Achtelgläsern, um die ausgelassene Stimmung noch weiter anzuheizen. Doch auch für die Kinder waren diese Stunden und Tage, wo die Russen mit viel Radau durch das Zimmer tobten, von außergewöhnlicher Herzlichkeit. Es gefiel den Gästen, wenn die Presniks beim Kasatschok mitmachten, obwohl es ihnen nicht leicht fiel, beim russischen Volkstanz Schritt zu halten und gleichzeitig ausreichend Luft zu holen. Auch wenn die Kinder kein Wort russisch verstanden, so entwickelte sich doch eine Freundschaft zwischen ihnen und Timitri, der Nikolaus zu Weihnachten eine Balalaika schenkte. Es dürfte dem Mann aufgefallen sein, dass der Bub sehr musikalisch war und dieses Talent wollte er mit seinem Geschenk auch fördern. Seinem leiblichen Vater wäre nie aufgefallen, dass sein Sohn begabt war, denn wenn er Zuhause war, dann tadelte er nur oder schimpfte in seinem Suff auf die und mit der Familie, und es hagelte Schläge, die so unvermittelt kamen wie seine russischen Schimpftiraden. Außer Haus ging er missmutig seiner Arbeit als Knecht nach oder legte sich im Wirtshaus mit jenen an, die seiner Meinung nach nichts taugten.
Für Liebe, Zuneigung und menschliche Geborgenheit war die Mutter zuständig. Auch sie war eine Gestrandete des Krieges. Vom Burgenland aus wollte sie nach Amerika, um dort ein Leben in Wohlstand zu genießen. Die Freiheitsstatue hatte sie nie zu Gesicht bekommen. Ihr Leben und das ihrer fünf Kinder spielte sich buchstäblich zwischen vier Wänden ab. Es war ein großer Raum in einem Dominikanerkloster, in dem mehrere Familien in den zugeteilten Wohnräumen lebten. Der große,

meterhohe Raum wurde durch billige Platten abgeteilt, um einigermaßen wohnen zu können, von Privatsphäre gab es keine Spur. Die hohen Platten trennten Küche, Waschecke und das Schlafzimmer, in dem es ein Bett für die Eltern und eines für die fünf Kinder gab.

Im Winter spielte sich das Leben rund um den Sägespäneofen ab. Ein gusseisernes, rundes Ungetüm, dessen Heizleistung in keinem Verhältnis zum umständlichen Beheizen stand. In den Kessel des Ofens kam ein Holzstempel, darum wurden Sägespäne gestampft. Vorsichtig wurde der Stempel rausgezogen, damit das tiefe Loch zur Feuerung blieb. Mit viel Zeitungspapier wurden die festgepressten Holzspäne zum Glosen gebracht, das nicht länger als fünf Stunden anhielt. Diese „Sparflamme" bekam die Familie in den eiskalten Nächten auch zu spüren. Da halfen auch die schweren Decken nicht, die der Vater im Winter an die Fensterrahmen nagelte. Die ließen zwar nur mehr wenig Tageslicht in den Wohnraum, dafür kam die Kälte relativ ungehindert in die Unterkunft der siebenköpfigen Familie. Die Fenster selbst waren schon derart desolat, dass nur mehr die kleinen eingeschlagenen Nägel die Scheiben vor dem Rausfallen bewahrten. Zwischen den Fensterscheiben und dem Rahmen hatte sich der im Sommer ausgetrocknete Kitt schon längst verflüchtig und so konnte die Kälte ungehindert durch die Ritzen und Spalten dringen. „Es war derart kalt im Raum, dass sogar der Hund zu uns ins Bett kam. Wir fünf Kinder haben unsere kalten Füße am Fell des Hundes gewärmt", schildert Nikolaus die Situation. Und dennoch meint er heute: „Es war trotzdem schön, denn wir haben uns an den Eiskristallen erfreut, die es nur dann an deinem Fenster gibt, wenn es kalt ist und der Raum schlecht geheizt wird."

Nicht immer konnte Nikolaus dem Winter auch noch die kleinste positive Seite abgewinnen, vor allem, wenn er in aller Herrgottsfrüh zum Wasserholen hinaus in die Kälte gehen musste. Mit einer Gießkanne schöpfte er das Wasser aus dem Gemeinschaftsbrunnen, das dann im Kessel des Ofens aufgeheizt wurde.

Einmal in der Woche war „Waschtag". Wie Zinnsoldaten standen die Kinder, eines nach dem anderen, in der Lavourschüssel. Zuerst wurden sie von der Mutter mit Hirschseife am ganzen Körper und am Kopf geschrubbt. Mit der kantigen Seife war das normalerweise ein etwas roher Reinigungsvorgang, doch die Mutter lenkte die Kinder mit ihrem Gesang ab, wenn sie einmal zu grob an der zarten Haut angekommen war. „Zu Weihnachten hat sie immer ‚Es wird scho glei dumpa' gesungen, wenn sie mich gwaschen hat. Für sie war es dann immer ein Glücksgefühl, wenn wir dann wieder sauber vor ihr wie ein glänzender neuer Schilling gstanden san."
Eine Mutter und Hausfrau wie aus dem Bilderbuch, die sehr auf Reinlichkeit und Ordnung bedacht war. Sie hielt den Haushalt in Schuss, hatte mit dem spärlichen Einkommen ihres Mannes stets ein wirtschaftliches Auslangen und erzog ihre Kinder mit Liebe und Fürsorge. Sie war Mittelpunkt der Familie und als Gegenpol zum groben Vater der einzige Fluchtort für die Kinder, wenn es der Vater wieder einmal zu streng mit den Kindern meinte.

Auch Weihnachten und die Zeit der Vorbereitung auf das schönste Fest im Jahr trug ihre Handschrift. Viel früher wurde es bei den Presniks dunkel, als in den anderen Wohnungen, denn die schweren Wolldecken verhüllten die Fenster, nur durch die Oberlichten drang ein wenig Tageslicht ein.
Die karge düstere Winterbehausung hatte auch etwas Heimeliges an sich. Wie in keiner anderen Zeit unterm Jahr versammelten sich die Kinder auf der roten Kunstledereckbank. Die Kerzen am Adventkranz sorgten für wohlige Stimmung, in der die Mutter Geschichten erzählte und mit den Kindern Adventlieder sang. Am Heiligen Abend allerdings mussten die Kinder schon am Vormittag die Wohnung verlassen, denn das Christkind hätte sich wohl in der Einzimmerwohnung schwer getan, in aller Stille und Anonymität den Christbaum zu schmücken. Während der Baum in diesen Stunden mit selbst gebastelten Strohsternen und Kerzen geschmückt wurde, versammelten sich die Kinder am

langen Flur des Klosters. Den anderen Kindern aus den Wohnungen erging es nicht anders. Auch sie mussten sich dem Befehl ihrer Eltern beugen und die Wohnung für das Christkind räumen. Dieses war ein vieldiskutiertes Wesen bei den Kindern, den jedes hatte so seine eigene Vorstellung, wie es denn wohl aussehen mochte. Manchmal ging die heftige Diskussion in einen handfesten Streit über. So meinten die einen, das Christkind sei ein Mädchen mit langen blonden Haaren und einem weißen Kittel, während andere glaubten, es sei ein Junge und wieder andere sicher waren, es würde wie eine erwachsene Frau aussehen. Auch Nikolaus hatte so seine Vorstellungen, denn über dem Esstisch hing ein Bild, das einen Engel zeigte, der wohl das Christkind sein musste. Auf dem Bild war eine Familie beim Essen zu sehen, dahinter in blassen Farben ein durchscheinender erwachsener Engel, der seine beiden großen Flügel ausbreitete. Das Bild hatte besonders am Heiligen Abend eine magnetische Anziehungskraft für Nikolaus, wie auch jener Vorhang, den es nur in der Weihnachtsnacht gab und der etwas Besonderes vor den Kindern verbergen und verstecken sollte. Keines der Kinder hätte sich getraut, auch nur einen kurzen verstohlenen Blick hinter den Vorhang zu wagen, denn dann wäre der Weihnachtsfrieden durch den aufbrausenden Vater zerstört worden. Obwohl das Familienoberhaupt am Heiligen Abend meist erst sehr spät von seiner Wirtshaustour nach Hause fand und dann auch noch in Rage kam, weil die Familie bereits mit dem Essen begonnen hatte. Mit dem Öffnen des Vorhanges ging auch für kurze Zeit der Vorhang für einen kleinen Weihnachtsfrieden auf. Am Christbaum hing zwar keine Schokolade, dafür gab es viele gebastelte Sterne, die sich jährlich durch das Geschick der Mutter vermehrten und dem Baum ihre persönliche Note verliehen. Die Geschenke fielen nicht üppig aus, doch was nicht gekauft werden konnte, wurde von der Mutter gestrickt und gebastelt. Der Vater langweilte sich eher während der Bescherung, denn für ihn war dieses Fest nicht so wichtig, und er erkannte auch nicht den Sinn des Feierns und der familiären Weihnachtstradition.

Den Gedanken, dass es die Mutter einmal nicht mehr geben könnte, wollte niemand in der Familie verschwenden, auch wenn Maria Presnik sehr oft ins Spital musste. Die gute Seele der Familie, die nie einen Tropfen Alkohol anrührte, litt an einem schweren Leberleiden.

Zwei Wochen vor dem Weihnachtsfest im Jahre 1971 wurde sie erneut mit Beschwerden ins Krankenhaus eingeliefert. Sie sah in die traurigen Augen ihrer Kinder, denen sie versprach, ganz bestimmt vor Weihnachten wieder nach Hause zu kommen, um mit ihnen aufs Christkind zu warten. „Ihr braucht euch um mich keine Sorgen machen", hat Nikolaus noch die Worte seiner Mutter in Erinnerung und auch die Bilder, als er sie im Spital besuchte. Die Mutter lag teilnahmslos im Bett, an ihren Armen hingen Flaschen, doch noch immer gab es die Hoffnung, dass der Mittelpunkt der Familie auch bald Zuhause sein würde. Aber die Hoffnung war vergebens. Das Wetter hatte sich an jenem trüben Wintertag der Hiobsbotschaft angepasst. Der neunjährige Nikolaus war gerade beim Schifahren, als ihn seine Schwester mit verweinter Stimme die Nachricht vom Tod überbrachte. „Die Mutti ist tot, die kommt nicht mehr heim." Kein anderes Schicksal kann bei einem Kind einen so großen Schock auslösen wie die Nachricht vom Tod der Mutter. „Ich fühlte mich in diesem Moment im Stich gelassen. Die Mutti hatte es doch versprochen, wieder nach Hause zu kommen. Wir bräuchten uns keine Sorgen zu machen. Und nun das."

Das darauf folgende Weihnachtsfest war der Beginn des Chaos' in der Familie. Wie eine Lawine, die sich aus einem kleinen Schneeball heraus entwickelt. Man brauchte diesmal keinen Vorhang, um den Christbaum zu verstecken, denn es gab keinen. Die Kinder hatten auch keine Erwartungen an das Christkind, das weder Geschenke noch ein Wort des Trostes übrig hatte. Der Schwarzweiß-Fernseher war an und machte den Heiligen Abend zu einem Tag wie jeden anderen. Es roch nicht nach Lebkuchen und Vanillekipferln, sondern nach schwarzem Tee. Auf dem

Herd stand ein großer Kessel mit Tee, der immer wieder aufgewärmt wurde, bis er leer war.
Draußen vom Gang drangen Stimmen in die vereinsamte Wohnung. Es waren die Nachbarskinder, die wie immer nach der Bescherung ihre Geschenke herzeigten und sich neugierig nach dem „Christkind“ der anderen erkundigten. Die Presniks hatten nichts zum Herzeigen, es war ihnen auch nicht danach, mit den anderen zu reden. Umgekehrt war es ähnlich. Keiner der Nachbarn wollte sich um das Schicksal der Halbwaisen kümmern.
Spät am Abend fuhr die Familie auf den Friedhof, um in Gedanken mit der verstorbenen Mutter Weihnachten zu feiern. Die Stimmung war am Tiefpunkt. Doch beim Hineingehen in den Friedhof sahen die Kinder das große Lichtermeer auf den Gräbern. „Das Flackern der Kerzen war so stimmig, sodass ich an diesem Tag irgendwie etwas Schönes daran fand.“
Nicht starr vor Kälte, sondern vor der nun wieder wach gewordenen Erinnerung an das erste Weihnachtsfest im Burgenland blickte Nikolaus in das Licht der Kerze, die er auf das Grab seiner Mutter stellte. „Ich sah mich suchend vor dem Christbaum, vom Christkind im Stich gelassen. Nun hatte mich das Christkind erneut verlassen und zurück blieb die entsetzliche Enttäuschung, sich nicht von der Mutter verabschiedet zu haben.“
Das Christkind hatte die Familie verlassen und jeden in seiner Hilflosigkeit allein gelassen. Der Vater flüchtete in den Alkohol, während die Kinder keine Chance zur Flucht hatten und von der Lawine des Elends hoffnungslos mitgerissen wurden. Niemand kümmerte sich mehr um die Kinder, um die Wäsche oder um eine warme Mahlzeit. Wenn die Kinder einmal in die Schule gingen, dann waren die Leistungen nicht befriedigend, und Nikolaus blieb mit der Zeit der Schule überhaupt fern. Er wollte sich auch nicht mehr länger den Schikanen seiner Mitschüler aussetzen, die über seine ungepflegten Haare witzelten und über seine völlig verdreckten Hosen spotteten. Dieser Spott und Hohn aber schweißte die Presnikkinder zusammen, die sich nach außen abgrenzen mussten. Sie wurden mit der Zeit roher und grober,

und der Vater setzte die Kinder in seiner Verzweiflung noch mehr unter Druck. Von anderen gab es keine Fürsorge und kein nettes Wort, denn die ungehobelten Kinder waren für die Mitbewohner im Kloster eher ein Dorn im Auge. Wer sie etwa noch spätnachts am Gang herumtoben sah, prophezeite ihnen den baldigen Weg in ein Heim, wo ihnen die Wadeln ordentlich gerichtet werden würden. Kaum jemand wollte einen Blick hinter die Fassade werfen, um die wahren Familienverhältnisse der „Russenfamilie“ zu sehen und den Kindern zu helfen. Lediglich eine ältere Frau wollte es nicht dabei belassen, dass man bei den Kindern die Armut schon von weitem riechen konnte und wendete sich an einen Fürsorgeverein in Friesach.
Sie erzählte dann den Kindern, dass am Heiligen Abend die Friesacher Bürgerfrauen mit dem Christkind bei ihnen vorbeischauen würde. Sollten das die Kinder auch wirklich glauben können, die in den letzten beiden Jahren vom Christkind doch vergessen worden waren? Vieles deutete darauf hin, dass dieser Heilige Abend wieder ein ganz normaler Tag werden würde. Weihnachten gab es nur im Fernsehen, die Christbäume nur in den anderen Wohnungen und der Tee war wieder die einzige warme Mahlzeit. Es wurde dunkel und Nikolaus war der erste der eingeschworenen Fünferbande, der sich wartend ans Fenster stellte und seine Nase an der kalten Fensterscheibe platt drückte. Wieder klangen die Stimmen der anderen Kinder vom Gang herein, die sich über ihre Geschenke freuten. Die Presniks warteten noch immer auf ihr Christkind. Während sich die Erwachsenen schon auf den Weg in die Mette machten, fuhr ein Auto in den Hof des Klosters ein. Mehrere Frauen stiegen mit Paketen aus und gingen wortlos auf das schwere Eingangstor zu. „Also hatte die Frau von nebenan doch recht“, strahlte Nikolaus, der zur Tür sprang, um diese große Chance nicht zu verpassen, vom Christkind endlich wieder bedacht zu werden. Die Enttäuschung der Kinder war zwar nur schwer zu verbergen, dass ihnen nur getragene Kleidung geschenkt wurde, doch der aufmerksame Besuch der Frauen war in diesem Fall viel mehr wert, als alle Geschenke

dieser Welt. Das, was das Christkind hier zu Gesicht bekam, überstieg jede Vorstellungskraft, wie heruntergekommen eine Familie Anfang der siebziger Jahre hausen konnte. Der Vater war der einzige Erwachsene im Raum, für den diese Verhältnisse anscheinend normal waren. Er hatte sich schon längst an die stickige Luft gewöhnt, aber auch an die herumliegenden Haufen schmutziger Wäsche und an die schmutzige Bettwäsche, die auch nicht zu den heiligsten Zeiten gewechselt wurde.
Die Frauen hingegen reagierten rasch, denn schon in den nächsten Tagen wurde die Gemeinde und das Jugendamt aktiv. Das Christkind hatte genug gesehen, um auch den Vater davon zu überzeugen, dass eine Adoption der Kinder wohl das Beste für die Familie wäre. „Ich weiß nicht, was aus mir geworden wäre, wenn auch an diesem Abend das Christkind weggeschaut hätte."
Im Jänner wurden die Kinder von der Fürsorge abgeholt, das Familienband wurde zu ihrem Wohlergehen auseinandergerissen. „Zum ersten Mal in meinem Leben habe ich mich in meiner Angst an den Vater geklammert."
Die beiden älteren Geschwister blieben unter Aufsicht des Jugendamtes beim Vater in der Wohnung. Nikolaus und sein jüngerer Bruder kamen nach Strassburg, der jüngste Sohn zu Adoptiveltern nach Friesach.
Die Fahrt nach Strassburg zum Bauernhof seiner neuen Familie kam Nikolaus wie eine Weltreise vor. Er kniete auf dem Rücksitz des Autos und blickte auf Friesach zurück, als wollte er seine Vergangenheit für immer festhalten. „Ich wollte einfach nicht weg, auch wenn ich mich danach gesehnt habe, wieder etwas Warmes zu essen und saubere Kleidung zu tragen." Denn im Unterbewusstsein war da die Angst, nun doch ins Heim zu kommen und das strenge Joch von zuhause mit dem des Erziehungsheimes tauschen zu müssen. Die anderen im Kloster hatten das wie einen Teufel an die Wand gemalt.
Die Angst wurde aber durch den herzlichen Empfang der Bäuerin zerstreut. Sie nahm die verschreckten Buben in die Arme und gab ihnen sofort zu essen. Ein Glücksgriff für die beiden Brüder,

die buchstäblich auf die Butterseite des Lebens fielen. Es gab Fleisch, Butter und Milch. Nach langer Zeit gab es wieder Milch für die Kinder, die schwarzen Tee schon nicht mehr schmecken konnten. Für jeden von ihnen gab es auch ein eigenes gemütliches, warmes Zimmer und schneller als sie es sich gedacht hatten, lebten sich die Pflegekinder am Bauernhof der Familie Wilplinger ein. Spät aber doch hatte die Kindheit noch ein Stück Glück übrig – ein Leben in familiärer Geborgenheit. Seine Zieheltern nannte er bald Vater und Mutter und die beiden leiblichen Kinder in der neuen Familie Geschwister.

Doch so manches Leid saß tief in der Kinderseele. In jener Zeit, in der die Nächte und die Kälte unaufhaltsam zu wachsen schienen, drängten auch wieder die Kindheitserinnerungen ins Bewusstsein. Als würde man einen Schalter anmachen, war das Erlebte von früher präsenter, als es dem jungen Menschen recht und in der geborgenen Situation auch angebracht war. Obwohl es dem Jungen am Bauernhof sehr gut ging und die Zieheltern ihm die nötige Liebe und Aufmerksamkeit schenkten, hatte sich Nikolaus vom ersten Weihnachtsfest in neuer Umgebung nichts erwartet. Weihnachten als die Zeit der kindlichen Zuversicht und der gläubigen Hoffnung war für ihn eher eine Zeit tiefer Angst, gegen die er nicht ankämpfen konnte. Er stocherte in seinem Reis herum und auch das sonst so heißgeliebte Wienerschnitzel wollte nicht so recht schmecken. Musste er auch diesmal enttäuscht sein, dass das Christkind auf ihn vergessen hatte? Das Glöckchen läutete im oberen Stockwerk und die leiblichen Kinder des Familie stürzten hinauf. Déjà vu. Das hatte der Junge doch schon als Bub im Burgenland erlebt. Nein, diese Enttäuschung und diesen Kummer wollte er sich nicht nochmals antun und so blieb er alleine am Tisch sitzen. Die Ziehmutter überredete ihn dennoch, doch nachzusehen, ob er nicht auch etwas bekommen habe. „Ohne Euphorie betrat ich das Zimmer und blickte auf ein liebevoll eingewickeltes Geschenk, das noch unter dem Christbaum lag. Ich habe mich nicht zum Baum getraut, ich hätte das Geschenk nicht angerührt, wenn es mir nicht von meiner Ziehmutter in die Hand gedrückt worden wäre", hält Nikolaus diesen besonderen Moment fest. „Das Christkind hat doch nicht auf mich vergessen."

Einige Jahre später, als Nikolaus schon lange im Berufsleben stand, zuerst als Kellnerlehrling, dann als Milizsoldat, Zimmermann und Maschinentechniker – heute ist er erfolgreicher Sänger und Musiker –, schien es ihm wieder so, als würde es einen Weihnachtsengel zwar für andere, aber nicht für ihn selbst geben. Seine Ehe war gescheitert und er war von seiner Frau geschieden. Es war der Nachmittag des Heiligen Abends und er verbrachte mit seinen beiden Kindern ein paar Stunden in seiner provisorischen Wohnung, doch er wusste, dass er sie bald wieder zur Mutter bringen musste und allein sein würde. „Das war wie ein Stich ins Herz. Ich habe geweint." Zurück blieben Verzweiflung und Depression. „Es geht dir so viel durch den Kopf, vor allem die Frage nach dem Sinn des Lebens. Da sitzt du auf der Kanten von dem Bett, das net dir gehört. Du besitzt nur des, was du am Leib tragst und du schaust in die Fenster der anderen, die mit ihrer Familie Weihnachten feiern. Des tuat so weh, weil du dir schon wieder einredest, dass dieses Christkind abermals am Fenster vorbeigflogen is und auf di vergessen hat."
Sein Blick streifte über den Christbaum zu seinem Schutzengelbild hin. Es war jenes Bild aus der elterlichen Wohnung, das er nach dem Tod des Vaters aus der leeren Wohnung geholt hatte, wo es verlassen hing, als würde es auf ihn warten. Und da läutete das Telefon und eine Freundin meldete sich mit der Einladung, doch zum Weihnachtsfest vorbeizuschauen. „Es gibt immer jemanden, der an dich denkt und deshalb ist man auch nie allein. Man muss eben nur von sich aus die Tür öffnen und die positiven Signale wahrnehmen, dann wird von einer Sekunde auf die andere aus der tiefen Traurigkeit ein noch tieferes Lichtermeer." Das Christkind findet dich überall, wo immer du auch bist.

Vera Russwurm

Das Engerl am Fenster

Eigentlich war das Kindermädchen der beiden Russwurm-Kinder eine ruhige Person, die nichts so schnell aus der Ruhe brachte und von der auch dann kein lautes Wort zu hören war, wenn Vera und ihr Bruder einmal nicht ganz so artig waren, wie sie eigentlich sein sollten. Umso mehr waren alle überrascht, als sie an jenem Heiligen Abend Ende der sechziger Jahre Vera ganz aufgeregt zurief: „Schau, da ist ein Engerl vorm Fenster vorbeigeflogen." Die kleine Vera, sie war gerade vier Jahre alt, wurde ganz aufgeregt, denn sie hatte das Kindermädchen noch nie mit solch großen Augen gesehen oder so laut rufen gehört. Außerdem wollte sie ebenfalls unbedingt das Christkind sehen. So lief sie zum Fenster, um wenigstens noch einen kurzen Blick auf das Christkind zu erhaschen. Um besser sehen zu können, versuchte sie sogar, sich am Fenstersims hochzuziehen. Doch alle Bemühungen waren umsonst. Es gab keine Spur vom Christkind zu sehen, weder in Richtung des gegenüberliegenden Wohnblocks noch am schneewolkenverhangenen Himmel, nicht einmal eine Feder oder eine Locke seines goldenen Haares war zurückgeblieben. „Da war ich unglaublich enttäuscht und ich wollte auch nicht mehr vom Fenster weggehen, weil meine Angst so groß war, das Christkind erneut zu versäumen", erinnert sich Vera Russwurm an dieses denkwürdige Weihnachtsfest. Erst die Eltern konnten sie schließlich ins Wohnzimmer locken, wo das Christkind unübersehbare Spuren hinterlassen hatte. Ein riesiger Christbaum ragte bis an die Decke des hohen Wohnraumes, und sein Strahlen und Funkeln ließen die Enttäuschung über das verpasste Christkind bald vergessen. Goldene und silberne Lamettafäden glitzerten und glänzten und legten einen zauberhaften Schimmer über den Baum. Fast hätten sie vermocht, von den auf den Zweigen hängenden Süßigkeiten abzulenken, aber nur fast. Das war eben auch das Besondere an

Weihnachten, dass zwei Wochen lang die Schokoladeringerl und Geleestangerl am Baum hingen, die wie rote saftige Kirschen gepflückt werden konnten, auch wenn die Kinder dann bis zum Dreikönigstag besonders gründlich Zähneputzen mussten.
Die Sache mit dem Christkind war ja alles in allem eine sehr geheimnisvolle. Denn man konnte es zwar nicht sehen, auch wenn das Kindermädchen das Gegenteil behauptet hatte (was es übrigens nie mehr tun durfte), hören konnte man es zumindest. Dafür zog der Vater die Fäden im Hintergrund. Er hatte nämlich ganz geheim vom versperrten Wohnzimmer einen Faden in ein Nebenzimmer gelegt, in dem die Familie für gewöhnlich auf die Bescherung wartete. An dem einen Ende des Fadens, dem im Wohnzimmer, hing das Weihnachtsglöckchen. Die Mutter verstand es, die aufgeregten Kinder abzulenken und der Vater zog heimlich am anderen Ende des Fadens, worauf im Wohnzimmer das Glöckchen ertönte. Drei Mal ließ der Vater das Glöckchen erklingen, wie es das Christkind nicht besser hätte machen können: „Mein Vater hatte sich einige Tricks ausgedacht, wie er läuten konnte, ohne dass wir Kinder es bemerkten. Später als wir größer waren, haben wir schon gerätselt, wie der Vater es denn heuer wieder anstellen würde, damit wir ihm nicht auf die Schliche kommen“, schmunzelt Vera Russwurm, die zur Ehrenrettung ihres kreativen Vaters noch hinzufügt, dass sie den einen oder anderen Trick mit dem Glöckchen bis heute nicht durchschaut habe.

Für Veras Bruder war das Warten auf das Christkind immer besonders hart. Einmal ertappte ihn die Mutter, wie er versuchte, durch das Schlüsselloch ins Wohnzimmer zu spähen, um einen Blick auf die geheimnisvollen Geschehnisse werfen zu können. Aber leider konnte er einfach nichts erkennen. Als ihn die Mutter mit einem verschmitzten Lächeln fragte, was er denn gesehen habe, konnte er seine Niederlage unmöglich zugeben. Darum trat er die Flucht nach vorne an, um wenigstens seine Schwester noch ein bisschen zu ärgern und meinte: „Das hab ich nur gse-

hen, dass die Vera nix vom Christkind bekommt.“ Das stimmte natürlich nicht. Vera, die damals gerade sieben war, bekam sogar einen Plattenspieler, auf dem sich die Weihnachtsplatte der Wiener Sängerknaben drehte.
Die Wohnzimmertür blieb auch in den späteren Jahren am Heiligen Abend, als das Christkind schon enttarnt war, verschlossen: „Wir haben nie beim Schmücken mitgeholfen, denn wir wollten uns immer überraschen lassen.“

Einmal feierte Vera Russwurm Weihnachten auf eine ganz andere Art. Tausende Kilometer von der Familie entfernt lebte sie als Austauschschülerin bei einer Gastfamilie in den USA, wo sie Land und Leute in Texas kennen lernte. Kurz vor Weihnachten wurde sie von den beiden Töchtern eingeladen, mit ihnen Weihnachten in ihrem Landhaus in Michigan zu verbringen. Während in Texas weiße Weihnachten nahezu unbekannt sind, sind die Winter in Michigan kalt und schneereich. Dies- und jenseits des Michigansees spricht man erst von einem strengen Winter, wenn sich der Schnee mannshoch türmt und die Temperaturen mit bis zu 40 Grad minus das sonst so geschäftstüchtige Treiben in den Straßen erstarren lassen. Diese Extreme erlebte Vera aber nicht, obwohl der Schnee weitaus üppiger auf der Straße lag als zuhause. Als sie mit ihrer Gastfamilie durch die verschneite Landschaft zum Landhaus fuhr, machte sich in ihr heimatliche Weihnachtsstimmung breit. Sie erzählte, dass zuhause Weihnachten bereits am Abend des 24. Dezember gefeiert würde und gerade die Dunkelheit des Abends und der Nacht sehr stimmungsvoll sei. Der Gastgeber machte ihr daraufhin spontan den Vorschlag, sie zur Mitternachtsmette zu bringen. Während seine Töchter am Heiligen Abend zuhause blieben, fuhr der Vater den europäischen Gast zu einer kleinen katholischen Kirche, die zwei Wegstunden entfernt war. Während sie fuhren, lief das Autoradio und die typischen amerikanischen Weihnachtslieder, die so gut zu den grell geschmückten Auslagen und den bunten Lichterketten passten, erfüllten den Wagen. Genau diese Stim-

mung hatte Vera im Land von Santa Claus auch erwartet. Darum war sie sehr erstaunt und erfreut, als sie zur Kirche kamen, die so malerisch und einsam und doch so einladend auf weiter Flur stand.
Ihr Gastgeber war jedoch etwas skeptisch, was eine katholische Christmette betraf, und so wartete er lieber im Auto auf Vera anstatt sie in die Kirche zu begleiten. Vera war überrascht, denn die Kirche war derart gut besucht, dass sie aus allen Nähten zu platzen drohte. Viele der Kirchgänger, die dicht nebeneinander gedrängt saßen, hatten ihre Wurzeln in Europa und holten sich durch diese Weihnachtsfeier auch ein Stück Heimat. Vera fühlte sich sehr geborgen, auch wenn vieles nicht mit dem vertrauten Bild von Zuhause übereinstimmte und einiges in der englisch zelebrierten Messe nicht ganz verständlich war. Doch das sollte sich am Ende der Christmette ändern, als der Chor das berühmteste aller Weihnachtslieder anstimmte. Schon die ersten Töne der Orgel überraschten Vera, denn sie erkannte sofort das ewige Lied. Plötzlich fiel ihr wieder ein, dass sie in den letzten Tagen eine völlig verkitschte Version des österreichischen Liedes gehört hatte. Doch sie hoffte, dass dieser Chor das Lied nicht so verkitschen würde. Was dann aber folgte, darauf war sie nicht gefasst. Anstatt „Holy night" erklangt das Lied in der vertrauten Sprache: „Stille Nacht, Heilige Nacht". Ganz gerührt von den so wohlvertrauten Worten kam in ihr ein Gefühl hoch, das sie nur einmal in ihrem Leben, und zwar in dieser kleinen Kirche in Michigan hatte: „Es war für mich so berührend, weil ich es nie erwartet hätte, dass es irgendwo am Land in einer winzigen Landkirche in Michigan einen Kirchenchor gibt, der unser ‚Stille Nacht, Heilige Nacht' singt – es war für mich so berührend, weil es so überraschend kam."

Wäre Vera Russwurm einige Jahre später nochmals nach Michigan gefahren, dann hätte sie vielleicht noch einen Grund zum Staunen gefunden. In Frankenmuth gibt es das ganze Jahr über die weltgrößte Weihnachtsausstellung, die von mehr als zwei

Millionen Menschen aus aller Welt besucht wird. Mitten im 20.000 m² großen Weihnachtsareal, das vier Fußballplätzen entspricht, wurde originalgetreu die „Stille-Nacht-Kapelle" aus Oberndorf nachgebaut, in der täglich der Welt liebstes Weihnachtslied gesungen wird.

Einige Jahre verbrachten Vera und ihre Familie Weihnachten weit weg von daheim. „Mein Mann und ich sind Sonnenfans, und für mich gibt es nichts Schöneres, als im Sand zu liegen und zu faulenzen", gesteht die Moderatorin. Allerdings schränkt sie ein, dass kein richtiges Weihnachtsgefühl aufkomme, wenn man bei schweißtreibenden Temperaturen ein Bäumchen besorge. Schließlich war es der Wunsch der ältesten Tochter, Weihnachten doch wieder in Wien zu feiern. Und die Familie kam dem gerne nach. Und wieder wurden eifrig Briefe ans Christkind geschrieben. Bei den größeren Kindern, die nicht mehr so recht ans Christkind glaubten, war der Hintergedanke wohl eher der, dass wohl kein Geschenk übersehen werden würde, wenn es auf der Liste war, während das Nesthäkchen der Familie eifrig und ernsthaft – mit Unterstützung der älteren Geschwister – ans Christkind schrieb. Und als die Familie nach all den Weihnachtsfesten im Ausland am Heiligen Abend dann endlich wieder im eigenen Wohnzimmer um den Christbaum versammelt war, kehrte das vertraute Gefühl der Kindheit zurück. Und während die Augen ihrer Kinder strahlten und zu den Geschenken blinzelten, schaute Vera zum Fenster, um nicht doch vielleicht ein Engerl vorbeifliegen zu sehen ...

Toni Sailer

Japanische Weihnachten auf der Schipiste

Wer das Glück hat, wie Toni Sailer am 17. November geboren zu sein, also kurz bevor das Christkind Geburtstag feiert, der braucht nicht sehnsüchtig auf die Bescherung am Heiligen Abend warten. Denn Geschenke gibt es, rein kalendarisch gesehen, auch schon fünf Wochen früher. Doch der damals Zweijährige wollte ja nicht einmal die Zeit bis zu seinem Geburtstag abwarten, um schon vorher die Schier herauszulocken, die er sich sehnlichst gewünscht hatte. Demonstrativ stapfte das kommende Schiass lautstark mit den Schischuhen seiner Schwester am langen Flur entlang. Dieses ohrenbetörende Trockentraining hätte auch schon in den Schnee verlagert werden können, denn Anfang November hatte sich der Winter bereits bemerkbar gemacht. So bekam Toni die Schier 10 Tage vor seinem Geburtstag geschenkt.
Auch seine nächsten Kinderschier lagen nicht unterm Christbaum. Die bekam er als bereits gebrauchte Brettln von seiner älteren Schwester vererbt, das dritte Paar – auch nicht als Weihnachtsgeschenk – vom Firmpaten. Doch es sollten dennoch die Schier sein, die vom Christkind geschenkt wurden, mit denen Toni Sailer seine ersten Siege feierte. „Ich habe mir, ohne dass es meine Schwester wusste, ihre Schier ausgeborgt, die sie zu Weihnachten geschenkt bekommen hatte. Ich bin damit meine ersten zwei erfolgreichen Rennen gefahren und hab danach so viele Schier bekommen, dass ich keine mehr gebraucht habe, weder zum Geburtstag noch zu Weihnachten“, erzählt Toni Sailer.

In den Kriegsjahren war es üblich, praktische Dinge zu schenken. Während unterm Jahr die Hose noch ein drittes Mal geflickt wurde und die abermals gestopften Socken schon mehr vom Stopfgarn zusammengehalten wurden als von der Wolle, lag das neue Gewand unterm Christbaum. Wurden die neuen Socken und Hosen gekauft, so kam der Christbaum auf andere Art in den Besitz der Familie, der nicht gestohlen wurde, sondern Ergebnis eines Tauschgeschäfts war. Für den edlen Baum, der am Heiligabend die Stube der Sailers schmückte, es musste stets eine Tanne sein, hatte der Bauer vom Vater zwar kein Geld bekommen, dafür aber eine neue Dachrinne, das nächste Jahr darauf war der Christbaum im Tauschgeschäft gleich ein paar neue Fenster wert oder gar ein halbes Dach. Dafür verlangte der Vater auch stets erste Qualität des Baumes. Am dritten Sonntag nach dem ersten Vollmond im Herbst sollte er geschnitten werden. „Dann verliert er seine Nadeln nicht und er brennt auch nur schwer", schwor man auf die Kraft des Mondes. Derselbe Stand des Mondes war auch vorteilhaft, wenn Bauholz geschlägert wurde, mit dem sogar Kamine gezimmert wurden, in denen nur das Brennholz aber nicht das Kaminholz brannte. Selbst der einfachste Jägerstock wurde im November geschnitten, der so hart war, als wäre er aus Stahl. Da konnte sich der Jäger mit seinem eigenen Gewicht und der Last seines Jägerlateins aufstützen, ohne dass der Stock gesprungen oder gar zerbrochen wäre.

Der Spenglermeister Sailer wollte sich für die zur richtigen Mondphase geschnitten Christbäume gerne auf einen Tauschhandel einlassen und seinen Christbaumlieferanten großzügig entschädigen. Obwohl das Christbaumstehlen im Heiligen Land Tirol bei Gott nicht zu den Sünden zählte, vor denen der Pfarrer eindringlichst warnte, hätte der Vater nie eines seiner vier Kinder in den Wald geschickt, um einen Baum zu holen. Wie wäre der tüchtige Handwerker auch dagestanden, wenn er oder einer aus der angesehenen Bürgerfamilie beim Christbaumstehlen erwischt worden wäre?

Und dennoch ging Toni eines Winterabends mit auf diebische Christbaumsuche. Zwei seiner Freunde hatten ihn überredet, dass er sie beim Christbaumstehlen begleiten sollte. Die kalte, sternenklare Winternacht war prächtig. Es schien, als blinkten viel mehr Sterne als sonst vom Firmament. Das Land lag ruhig und schneebedeckt glänzend im Mondschein da. Der Schnee knirschte unter den Füssen des Trios. „Ich hab so a große Angst gehabt, weil i genau gewusst habe, dass man das nicht darf“, entsinnt sich Toni Sailer dieser aufregenden Stunden. Dabei war der Christbaum nicht für seine Familie gedacht, sondern für die des Freundes. Er musste lediglich aufpassen und auf jedes Geräusch achten, das verdächtig erschien. In dieser beklemmenden Situation war ihm jedes Geräusch suspekt und jagte ihm einen Schreck ein. „Am liebsten wäre ich nach Hause gelaufen und hätte auf den Baum und auf Weihnachten verzichtet.“ Er brauchte nicht viel Fantasie, um sich auszumalen, was ihn erwartete, würde er als Christbaumdieb erwischt werden. Doch er machte sich auch Sorgen um die anderen, die auf einen Tannenbaum kletterten, um den prächtigen Wipfel zu holen. Aber schließlich kam alles anders. Denn aus der Ferne war das Krachen von Ästen auszumachen. War den Buben schon einer auf die Schliche gekommen? Sie konnten es nie erfahren. Denn so schnell die einen am Baum waren, so schnell waren sie wieder herunten. „Wir haben nicht einmal was dawuschen, weil wir san nur mehr wegglaufen“, erzählt Toni Sailer von seiner einzigen unchristlichen Christbaumholaktion.

Das schnelle Laufen war es nicht, das Toni Sailer berühmt machen sollte, sondern das Schifahren. Diese Leidenschaft ließ ihn als Lehrling im elterlichen Betrieb auch hin und wieder leiden, wenn er noch höher als über die Kitzbüheler Dächer hinauswollte, auf denen er zu tun hatte. „I hob oft mit Neid auf die Nachtslalompisten von Kitzbühel schaut, wo die anderen für das Rennen trainierten und i musste noch eindecken oder verglasen. Denn die Arbeit musste dem Vergnügen vorgehen“, sagt Toni Sailer über seine Lehrzeit. „Es schadet nicht, wenn man arbeiten lernt.“ Bis Weihnachten hin wurde gearbeitet, oft bis spät in die Nacht hinein.

Der vorweihnachtlichen Strapazen auf den zu reparierenden Dächern nicht genug, zog sich der 17-Jährige auch noch eine

Nierenbeckenentzündung zu, die ihn über Weihnachten ins Spital brachte, wie schon zuvor ein Schien- und Wadenbruch. „Weihnachten im Spital ist nicht sehr lustig, aber es gehörte eben dazu, wie unterschiedlich ich Weihnachten erlebte, auch im Ausland.“

Damit spricht der „Blitz aus Kitz“, der als dreifacher Olympiasieger und vierfacher Weltmeister von Cortina d’Ampezzo zum österreichischen Volkshelden wurde, seine Karriere als Filmschauspieler an. Diese führte ihn 1960 nach Japan, wo er als verkannter Olympiastar in einem japanischen Eifersuchtsdrama die Hauptrolle spielte. Als „König der silbernen Berge“ wurde der Österreicher kaiserlich im Fernen Osten behandelt und umsorgt. Selbst am Heiligen Abend, den Toni Sailer notgedrungen in Japan verbringen musste, unternahmen die Gastgeber alles, um ihrem Idol ein schönes Fest zu bereiten. Obwohl es im Buddhismus nicht üblich ist, ein Tannenbäumchen mit Kerzen zu schmücken, bekam Toni ein Bäumchen und wusste dieses Bemühen sehr zu schätzen. „Sie haben sich wirklich sehr bemüht, waren lieb und reizend, sind mit mir in die Berge gefahren und haben das Bäumchen so für mich geschmückt, wie sie es auf Bildern gesehen haben.“ Die japanischen Freunde dachten auch daran, dass in Europa zu Weihnachten gesungen wird. Während es noch relativ leicht fiel, ein Tannenbäumchen zu besorgen und zu schmücken, war es umso schwieriger, deutschsprachige Weihnachtsmusik zu besorgen. Doch im Land, in dem die Unterhaltungselektronik schon auf einem recht hohen Niveau war, fand sich schnell ein Kurzwellenradio, dass nach kurzer Suche um 16 Uhr „Stille Nacht, Heilige Nacht“ ertönen ließ. Die Melodie war für Toni Sailer mit viel Wehmut verbunden. Er dachte an die kleine Tonkrippe mit den fix verankerten Figuren, die stets unter dem Christbaum stand. Der Christbaum selbst wurde jedes Jahr von der Mutter anders geschmückt. Einmal ganz in Gold, einmal ganz in Silber. Auch kleine Holzfiguren und Holzengel schmückten den Christbaum, der manchmal auch nur mit roten Kerzen ohne Lametta geschmückt, am Heiligen Abend für die Familie strahlte. Toni hatte bei seinem heimatlichen Erinnerungsbesuch auch plötzlich den Duft der traditionellen Würstelsuppe in der Nase, mit der sich die Familie für den Weg in die Christmette stärkte. Er dachte in dieser melancholischen Stimmung auch an den Briefträger, der gerade zu Weihnachten wirklich schwer zu schleppen hatte. Aus Europa, Russland, Amerika und natürlich auch aus Japan kam Post, die der Briefträger kistenweise ins Haus schleppte, ohne sich über diesen nicht unerheblichen Mehraufwand zu beklagen. Er wunderte sich wohl, wer denn diese Flut an Briefen jemals lesen würde und hatte damit nicht ganz unrecht, denn Toni Sailer schaffte es in seiner kargen Freizeit kaum, alle Post zu lesen und schon gar nicht zu beantworten. Das Rauschen im Radio lenkte Toni Sailer von seinen Gedanken an Zuhause ab. „Das ‚Stille Nacht, Heilige Nacht‘ hat doch sehr auf die Seele gedrückt, mehr als ich es zulassen wollte“, erinnert sich Toni Sailer, der sich sein Weihnachtsgeschenk selbst bescherte, um dem fernöstlichen Weihnachtsspuk um seine Person ein höfliches Ende zu setzen. „Es hat Gott sei Dank eine Nachtpiste gegeben und so bin ich in dieser Heiligen Nacht drei Stunden Schifahren gegangen.“

In den späteren Jahren feierte er Weihnachten mit den Gästen seines Hotels wo es auch ein gemeinsames Essen gab. „Ich bin erst spät weit, nach 9 Uhr abends, zu meinen Eltern gegangen, um dort in der Familie Weihnachten zu feiern.“ Erst als er schließlich mit 40 Jahren selber Vater wurde, bekam Weihnachten wieder etwas von jenem zauberhaften Glanz seiner Kindheit. „Es geht nicht um große Geschenke, sondern rein um die Zeit, die man für die Familie da ist. Es hat bei uns auch immer nur ein Geschenk gegeben, oft eine kleine Überraschung. Es genügt eine Sache, die vom Christkind kommt. Ich habe nie verstanden, warum andere so viel schenken müssen“, meint Toni Sailer über den Geschenkwahnsinn zu Weihnachten und erzählt, dass er auch dem hausgemachten Stress ein Ende gesetzt hat: „Ich habe einst viele Weihnachtskarten geschrieben. Oft waren es an die

200 Karten, bis ich mir gesagt habe, jetzt ist Schluss. Nun schreibe ich keine mehr, sondern einigen Menschen, die ich mag, mache ich mit ein Paar Blümchen a Freud." Heute feiert Toni Sailer, mittlerweile als Witwer, mit seinem Sohn Weihnachten und vergisst nicht, was es heißt, zu Weihnachten einsam und allein zu sein. „Mit der Einsamkeit fertig zu werden ist schwer. Aber wenn man sich zusammentut, kann Weihnachten auch eine Zeit sein, um vom Pferd herunterzusteigen, um gewisse Fehler einzugestehen, um sich zu entschuldigen, um damit gewisse Verbindungen zu aktivieren."

Apropos aktivieren: Es sollten nämlich über 60 Jahre vergehen, bis sich Toni Sailer wieder zu einem ähnlichen Ausflug im November überreden ließ, den er einst beim Christbaumstehlen mit seinen beiden Freuden hatte. Zum 68. Geburtstag ging er mit einem befreundeten Jäger und einem Förster in den Wald, um einen Christbaum als Geburtstagsgeschenk zu holen. Diesmal aber hat er ihn – so wie seine zahlreichen Siege – auch bis ins Ziel gebracht.

Otto Schenk

Das Christkind mit den ungepflegten Haaren

Weihnachten war nicht immer jenes überbordende, goldglänzende Fest, wie wir es heute sattsam kennen, sondern hatte in Zeiten des Krieges durchaus auch einen sehr bitteren Beigeschmack. Zwar vermochten die wenigen Stunden des Heiligen Abends intensiver die Hoffnung auf Frieden reifen lassen und die ständige Angst etwas vertreiben, doch die tiefe Traurigkeit um die Gefallenen und die Sorge um die Vermissten, Inhaftierten und Vertriebenen ließ keinen Platz für sentimentale Weihnachtsgefühle.
Otto Schenk denkt oft an jene Weihnachten zurück, die er in den Kriegszeiten miterlebt hatte. Man hielt sich mit Leidensgenossen, die dem Kriegsgräuel zumindest mit dem Leben entkommen waren, in einer zerbombten Wiener Wohnung auf. Im Zimmer war es kalt, ein eisiger Wind pfiff durch die provisorisch reparierten Fenster, die in ihrem desolaten Zustand wenigstens die Schneeflocken abhielten, damit sie nicht noch mehr Schaden im Inneren der Wohnung anrichteten. Draußen legte sich der Schnee wie ein Tuch des Schweigens über die Spuren des letzten Bombenangriffs. Er deckte die aschgrauen Schutthalden in einer unbekümmerten Weise zu, als würde die himmlische Pracht einen friedlichen Neubeginn wagen, ohne Rücksicht auf Sieger und Verlierer, Überlebende und Tote. An Geschenke dachte niemand in dieser Kriegsweihnacht, denn es gab auch nicht viel zu schenken. „Wir hatten kein Geld, dafür ständig Angst. Es war immer schön, dass wir am Leben geblieben sind und so haben wir auch jede Minute unseres Überlebens als Geschenk gesehen“, erinnert sich Otto Schenk. „Nach jedem Luftangriff haben wir sofort die Freunde angerufen, ob sie wohl noch am Leben waren.“
Die Familie Schenk gehörte zu den Verfolgten der Nationalsozialisten, die ihre Angst mit der Hoffnung in Zaum hielt, dass

dieses Mörderregime und der entsetzliche Krieg bald ein Ende finden würde. Zu viele waren durch die Schreckenszeit schon ums Leben oder um ihr vertrautes Zuhause gekommen. So waren Kriegsweihnachten immer auch traurige Weihnachten. Die Schwester des jungen Schenk war in England, seine geliebte Großmutter im KZ Theresienstadt und die Cousins waren noch im Krieg, der eine in Italien, der andere in Russland. Die leeren Plätze der Familienmitglieder schmerzten und in seiner Trauer begann Otto Schenk, das Fehlende in seiner Seele mit Erinnerungen an glücklichere Weihnachten zu füllen:
So kann er auch heute noch die ungeheure Aufregung fühlen, die ihn in seiner Kindheit am Heiligen Abend kurz vor der Bescherung erfasst hatte. „Ein Zimmer in unserer kleinen Wohnung war geradezu versiegelt, niemand durfte hinein und von draußen hörte ich es ein wenig rumoren. Ich erklärte mir dies mit dem emsigen Schaffen des Christkinds.“ So gerne hätte er das göttliche Wesen gesehen, doch gar schauderhafte Geschichten erzählte man sich über jene, die dem Christkind zuschauen wollten und dafür bestraft wurden. Denn der Vater versicherte seinem neugierigen Sohn, dass schon ein Blick auf das himmlische Geschöpf genüge und der Baum zu brennen beginnen würde. Dieser Strafe nicht genug, müsse der überführte „Christkindspion“ auch noch auf seine Geschenke verzichten. „Das war für mich ein ständiges Fürchten und Schrecken, dass ich irgendwann meine Neugierde nicht mehr zügeln könnte und ich alles mit dem unerlaubten Blick ins Zimmer zunichte machen würde, vor allem, da mir die vom Vater in Aussicht gestellten irdischen Sanktionen sehr glaubwürdig erschienen.“
Der Bub wartete also geduldig, bis aus dem Zimmer der zarte Klang eines Glöckchens zu hören war. Sein Klang verkündete aber, außer dass das Christkind nun endlich gekommen war, auch noch etwas anderes. Denn nun durfte man sich beeilen, ob man nicht doch noch einen Blick auf das eilende Christkind erhaschen könnte, wenn es sich auf den Weg zur nächsten Familie machte. „Wenn du dich tummelst, dann siehst du das Christ-

kind ganz bestimmt“, spornte die Großmutter, die Nona, ihren Enkel an. Der Bub rannte in das Zimmer und sein Blick streifte nur kurz den strahlenden Christbaum, denn seine ganze Aufmerksamkeit galt dem offenen Fenster, durch das das Christkind jedes Mal kam und wieder verschwand. Doch wenn Otto dann hoffnungsvoll aus dem offenen Fenster spähte und die kalte Luft atmete, setzte der Vater als Zeremonienmeister dem Zauber ein höchst irdisches Ende. „Oje, jetzt ist es schon wieder weg“, bedauerte er mit einem Lächeln in seinem Gesicht. Es war kein zynisches Lächeln, sondern seine Art, auch trostlose Zeiten den anderen etwas leichter zu machen. So war der Vater derjenige in der Familie, der später auch im Krieg das Lachen nicht verlernt hatte und mit seiner Fröhlichkeit alle anderen immer wieder ansteckte, auch wenn ihm selbst manchmal eher zum Weinen war. Doch am Heiligen Abend zauberten die großen suchenden Augen seines Sohnes, die in die finstere Nacht hinausstarrten, stets ein Lächeln auf sein Gesicht. „Ich hab mich jedes Mal gegiftet, dass ich das elende Christkindl wieder nicht erwischt habe“, lächelt Otto Schenk heute selber.
Er tröstete sich aber rasch, denn die Bescherung stand bevor, auch wenn die Geschenke jener Zeit meist praktischer Natur waren. Mit Ausnahme des Geschenks von der Großmutter, denn die legte stets eine Fünf-Schilling-Münze in die Krippe und rückte dafür das Jesukind ein wenig zur Seite. Sie steckte die Münze stets auf der rechten Seite in die Krippe, damit ihr Enkel das Geschenk gleich als Erstes finden würde. Was er natürlich auch getan hat und er freute sich über das großzügige Christkind. Dieses weihnachtliche Schauspiel wiederholte sich Jahr für Jahr, sogar noch in jener Zeit, wo Otto schon längst hinter den Vorhang geblickt und das Rollenspiel durchschaute hatte. „Ich hatte große Schwierigkeiten, die Eltern glauben zu lassen, dass der heranwachsende Junior noch an das Christkind glaubt.“
Es war für Otto Schenk deshalb so schwer den Schein zu wahren, weil er natürlich mitbekam, mit welcher Hingabe und Freude der Vater das Weihnachtsfest für die ganze Familie ins-

zenierte. In den mageren Zeiten wurde rührend improvisiert, um den Weihnachtszauber in der Armut nicht ganz verlöschen zu lassen. So erinnert sich Otto Schenk noch an das Engelhaar am Christbaum, das aber nicht engelhaft goldblond, sondern eher staubgrau war und dem Kind sehr schmutzig vorkam. „Ich hab mich noch gewundert, dass das Christkindl so ungepflegte Haare hat, wo es doch in jedes Haus kommt." Denn das teure Engelhaar war durch billigen Hanf ersetzt worden, der zum Abdichten der Wasserleitungen und Rohre verwendet wurde.

Beim Weihnachtsessen war das Improvisieren schon schwieriger, dennoch gelang es meistens, ein außergewöhnliches Essen auf den Festtagstisch zu bringen, das nicht nur satt machte, sondern auch Trost spendete. Sei es, dass jemand ein Hendl hatte organisieren können oder dass jemand einen Weihnachtskarpfen im Tauschgeschäft – Uhr gegen Fisch – erstanden hatte.

Die Seeligkeit war von jeder Kleinigkeit geprägt, die wiedergekommen ist. So bleibt es Otto Schenk auch als Weihnachtswunder in Erinnerung, als er nach dem Krieg die erste weiße Semmel und Schinken zu essen bekam. „Beim ersten Paket aus Amerika war's dann so, dass wir wie die kleinen Kinder vor lauter Freude geheult haben."

Auch die ersten Weihnachten nach dem Krieg sind unvergesslich. Die Familie kam in der halbzertrümmerten und von den Russen ausgeplünderten Wohnung zum Weihnachtsfest zusammen. Die Menschen waren arm und das Land lag danieder. Doch die Hoffnung stirbt zuletzt und schon gar nicht am Heiligen Abend, an dem noch große und kleine Wunder geschehen können. Und gleichsam wie von Engelshand begleitet, kehrte 1946 endlich die vermisste Schwester aus England heim. „Als wir uns umarmten, habe ich gewusst, dass nun nicht mehr geschossen, nicht mehr gerauft und nicht mehr verfolgt wird und dass der gute alte Hitler nun endlich hin [tot] ist. Das war für mich das schönste Weihnachten!"

Heute ist Weihnachten für Otto Schenk ein Totenfest – ein Fest, an dem der Schauspieler und Regisseur darüber sinniert, wer dieses Jahr nicht mehr da ist. „Das verleidet mir sehr oft Weihnachten. Seit dem Tod meiner Großmutter zu Weihnachten ist das Weihnachtsfest verpatzt. Mein Vater, den ich wahnsinnig geliebt habe, ist auch zu Weihnachten verstorben. So wie er lebte, so starb er auch und zwar an einem Lacher am 25. Dezember."

Die Gabe, Weihnachten zum perfekten Schauspiel zu inszenieren, dass vermochte Otto Schenk bei seinem eigenen Sohn nicht. „Ich habe es bei meinem Sohn nicht wiederholt, wir haben nicht einmal ein Familienweihnachten aufkommen lassen, da ich sehr oft über Weihnachten weg war. Wir haben diese Sentimentalität aus dem Fest entfernt", gibt Otto Schenk ehrlich zu, der nichts von festgelegten Festen hält, an denen man feierlich sein soll oder besonders gütig. „Ich versuche, wenn ich überhaupt eine Spur von Güte in mir habe, diese auf die ganze Saison zu strecken und nicht als Alibi zu Weihnachten loszulassen.

Meine Geschenke habe ich schon längst vor Weihnachten hergeschenkt. Weil ich halte es nicht gut aus, mit Geschenken lange warten zu müssen. Da bin ich immer zwei bis drei Wochen meiner Frau voraus."

Aber ganz geht es trotz aller Vorbehalte dennoch nicht ohne ein Weihnachtsfest ab, sei es, dass er entweder in seiner Lieblingsstadt New York ist oder am Irrsee feiert. Dann steht ein beleuchteter Christbaum vor dem Seehaus, in dem er mit seiner Frau und Freunden feiert. Auf den Christbaum will er nicht verzichten, auch nicht auf drei Strophen „Stille Nacht, Heilige Nacht". „Das ist der letzte Rest von Sentimentalität. Meine Frau spielt dazu sehr falsch am Klavier, dadurch kriegt das eine satirische und heitere Note. In diesem Seehaus ist auch noch niemand gestorben. Ich habe mir auch nur Freunde zum Weihnachtsfest eingeladen, die jünger sind als ich und noch lange leben. Da hoffe ich, dass ich der erste bin, der da weggeht."

Betty Steinbach, die älteste Sennerin der Steiermark

I'm die Tant vom Schwarzenegger

Wer träumt denn nicht davon, romantische Weihnachten auf einer Almhütte, inmitten tief verschneiter Wälder zu verbringen? Draußen heult der Wind um die Holzhütte und legt als frostige Morgengabe den glitzernden Schnee vor die Tür. Drinnen lodert das wärmende Feuer im Kamin, und das Knistern des Holzes ersetzt das Ticken der Uhr, und plötzlich hat man fast alle Zeit dieser Welt.

Betty Steinbach aus Pusterwald kennt sowohl die schönen als auch die harten Zeiten als Sennerin auf ihrer Steinbachalm. Mit 80 Jahren bewirtschaftet sie die kleine Almwirtschaft und bewirtet die Gäste, die in den Sommermonaten bei ihr einkehren. Abgesehen von den Wandersleuten und den Jägern, ist die resolute Frau an vielen Tagen in ihrem „Zimmer der Erinnerungen" alleine und den Naturgewalten auf 2.000 Meter Seehöhe ausgesetzt. Den Luxus einer Stadtwohnung gönnt sich Betty Steinbach in den Wintermonaten, doch Weihnachten und Silvester in der Stadt zu feiern, dass könnte sie nicht. Zu sehr hat sie sich an die Stille und die Romantik auf ihrer Weihnachtsalm gewöhnt, wo das „echte" Christkind wohnt.

Als ihre drei Kinder noch klein waren, lebten die Steinbachs das ganze Jahr über auf der Alm und zwar vom dem, was im Stall und Wald heranwuchs. Lediglich Zucker, Mehl und Kaffee wurden im Tal eingekauft und kurz vor Weihnachten auch die kleinen Geschenke. Das Herunterkommen von der Alm war im Winter im Vergleich zum Hinaufkommen ja fast ein Kinderspiel. Allerdings gab's auch beim Herunterfahren einmal einen „Unfall", denn als der Vater seinen Jeep mit den Kindern hintendrinnen über die verschneiten Wege lenkte, verlor er unterwegs durch das Holpern und Rütteln des Wagens eines seiner Kinder, das aus dem Wagen purzelte. Es wäre ihm auch gar nicht aufgefallen, hätten nicht die Geschwister lautstark auf das Missge-

schick aufmerksam gemacht, sodass er anhielt und den verlorenen Sohn verdattert im Schnee sitzen fand.
Doch nicht immer war den Steinbachs ein Jeep zur Verfügung gestanden. Anfangs ging es nur mit den Schiern vom Berg hinab ins Tal. In Rucksäcken brachten sie Käs und Speck hinunter ins Tal und andere Lebensmittel wieder hinauf auf die Alm. Nur einmal war der Speckranzen mit nobleren Dingen gefüllt. Die Familie Steinbach hatte in Wien sehr reiche Verwandte, die das Sennerehepaar zum Wiener Opernball eingeladen hatte. „Das noble Gwand haben wir schon vorausgschickt kriegt und haben es beim Aufifahren im Rucksack ghobt. Beim Opernball hat dann kana gwusst, wos wir so mochn. I hob den feinen Herrn mei Hand zum Küssen greicht. Wenn die gwusst hätten, dass die Hand eigentlich die Schweindln füttert“, lacht die Sennerin, die immer ein sehr bescheidenes Leben geführt hat. Der einzige Luxus, den sich die Familie leistete, bestand darin, robuste und starke Fahrzeuge zu kaufen, mit denen es im Winter möglich war, die kilometerlange Almstraße einigermaßen zu bewältigen. Mit dem Traktor hatten sie nicht unbedingt die besten Erfahrungen gemacht, denn der ließ sie einmal kurz vor Weihnachten inmitten hoher Schneemassen fast verzweifeln. Dabei hatte an jenem 22. Dezember Ende der fünfziger Jahre alles so schön begonnen. Die Familie war mit ihren drei kleinen Kindern zum Einkaufen in Pusterwald. Die Lebensmittel und die Geschenke wurden auf den Traktor gepackt, der von Betty frohen Mutes gelenkt wurde. Die Kinder und der Mann stapften in den Spurrillen der beschaulich dahintuckernden Zugmaschine hinterher. Doch plötzlich wurde der Traktor seiner Funktion als Zugmaschine nicht mehr gerecht. Die schwarzen Gummiräder drehten im Schnee durch, an ein Weiterkommen war an diesem Nachmittag, zwei Tage vor dem Heiligen Abend, nicht mehr zu denken. Den Traktor in seiner hoffnungslosen Lage im Stich zu lassen und zu Fuß den stundenlangen Weg hinauf zur Alm zu gehen, kam für die Familie nicht in Frage. So entschloss sich der Vater in den Ort zurückzukehren, um einen zweiten Traktor zu

holen, damit dieser Abhilfe schaffen konnte. Stunden vergingen, der Schnee deckte die Packerl auf dem Traktor immer mehr zu. Die Mutter wartete mit ihren fröstelnden Kindern in der weißen Kälte, und mit jedem Wort machte sie ihnen hoffnungsvoll Mut, dass die Hilfe bald käme. Ein eisiger Wind pfiff durch die Bäume und machte das unfreiwillige Rasten noch unerträglicher, da er stets auch eine Ladung Schnee von den Ästen herunterwehte. Die Kinder lauschten, schon ganz verzagt, nach dem tuckernden Geräusch des zweiten Traktors, der Stunden auf sich warten ließ. Doch schließlich kam er und schaffte es, den Traktor zur Hütte abzuschleppen. Erst am späten Abend war die Familie hundemüde aber erleichtert in der warmen Stube vereint. Während die Kinder wie Steine ins Bett fielen und von einer Sekunde auf die andere in einen tiefen Schlaf fielen, wurde ihr Vater in der Stube zum Gehilfen des Christkinds. Er holte Utensilien aus der Küche, die er sonst das ganze Jahr über nie angegriffen hätte. Aus dem geflochtenen Nähkörbchen einen schwarzen Zwirn, der üblicherweise nur von seiner Frau zum Nähen der Arbeitshemden und Hosen und zum Stopfen der Socken verwendet wurde. Zum Zwirn brauchte er jedoch keine Nähnadel, sondern kleine feine Drahtstücke, die er in U-Form zusammenbog. Diese drückte er in regelmäßigen Abständen vom Wohnzimmer ausgehend in die Holzwände und in den Plafond, bis er sein Ziel in der Stube fand. Durch diese kleinen Haken fädelte er den Zwirn, der am Heiligen Abend dem Zauber dieser Nacht noch einiges an unerklärbarer Mystik beisteuern sollte.

Am Heiligen Abend schließlich war die Familie um den großen knorrigen Holztisch versammelt. Der Vater las eine Weile aus der Bibel und die Kinder rutschten vor Ungeduld auf den Holzschemeln hin und her. Die Mutter war indessen in der Küche und bereitete das traditionelle Weihnachtsessen vor – Wild mit Serviettenknödel und Preiselbeeren. Das Essen war eine harte Geduldsprobe, doch vor lauter Aufregung merkten die Kinder nicht, wenn sich der Vater heimlich ins Wohnzimmer stahl, um

die Kerzen am Christbaum anzuzünden. Dann setzte er sich wieder seelenruhig zum Tisch, ohne nur eine klitzekleine Andeutung zu machen, dass nun eigentlich das Christkind zum Gabentisch läuten sollte. Nun kam der große Einsatz der geheimnisvollen Vorbereitungen. Der gut getarnte Zwirnfaden lief vom goldenen Glöckchen am Türrahmen im Wohnzimmer bis zu seinem Ende hinter dem klobigen Stuhl des Familienvaters, unsichtbar für die Augen der Kinder. Der Vater legte in aller Ruhe sein Besteck links vom Teller hin und schaute zuerst seine Frau und dann die Kinder an. Mit einem geheimnisvollen Blick lenkte er von seiner linken Hand ab, mit der er hinter den Sessel griff und am Zwirn zog. In diesem Moment hörte man es auch schon zart aus dem Wohnzimmer läuten. Aufgeregt sprangen die Kinder auf, doch nicht, um ins Wohnzimmer zu stürmen, sondern zuerst hinaus vor die Tür, um vielleicht einen Blick auf das davoneilende Christkind zu erhaschen. Doch am dunklen Himmel waren nur die Sterne zu sehen, die so zauberhaft erschienen, wie das von Engelshand geläutete Glöckchen.
Lange haben die Kinder gebraucht, um dem Geheimnis des Glöckchens auf die Schliche zu kommen. Sogar als sie schon weit über 10 Jahre alt waren, glaubten sie noch immer ans Christkind. „Die Augerln der Kinder haben mit 14 Jahr no so gleuchtet. Die haben sich nichts einreden lassen“, erinnert sich Betty Steinbach. Der Glaube ans Christkind war so felsenfest, dass die Almkinder ihre Mitschüler davon überzeugen wollten, dass es nur bei ihnen zuhause, oben auf der Alm, das richtige Christkind gab. Es mag vielleicht daran liegen, dass die Leute hoch oben auf den Bergen nicht nur dem Herrgott näher sind, sondern eben auch dem Christkind.

Und wie ist das mit der Sünd? Die sollte es auf der Alm ja nicht geben! Davon erzählt die Begebenheit, die Betty Steinbach mit hungrigen Wildtieren und einem ihrer Pflegekinder hatte.
Die Steinbachhütte war der höchstgelegene Lehrhof der Steiermark, wo Jugendliche von einem Pflegeheim in Hartberg im

landwirtschaftlichen Arbeiten ausgebildet wurden. Bis zu vier Jugendliche kamen auf den Hof und wurden dort versorgt und mit viel Fürsorge erzogen. Die Jugendlichen halfen im Sommer bei der Stall- und Feldarbeit und übernahmen im Winter den verantwortungsvollen Heizdienst. Um fünf Uhr früh war der Erste dran, die Kachelöfen in den Zimmern einzuheizen, die dann bis zum Schlafengehen die Hütte ordentlich wärmten. Denn in den sternenklaren Nächten konnte es klirrend kalt werden. Oft tanzten die Schneeflocken vor dem Fenster und nicht selten türmte sich der Schnee bis zu vier, fünf Meter hoch auf. An solchen Morgen musste nach dem Einheizen der Weg zum Stall freigegraben werden. Auch vom Stall zur Tränke der Kühe musste ein Schneetunnel geschaufelt werden. Der Brunntrog, der im Sommer wie im Winter vom Quellwasser gespeist wurde, musste vom dicken Eis ausgeschlagen werden, weil das Fließwasser in der Nacht stets zufror. Dann wurden die Kühe eine nach der andern zur Tränke ins Freie getrieben, denn freiwillig wollten die sturen Rindviecher nicht in die Kälte hinaus, selbst wenn der Durst noch so groß war.

Mit der Kälte kamen auch die ungebetenen Besucher, die mit einem Heißhunger auf Nahrung aus waren. Wenn der räuberische Marder das seltene Glück hatte, dass die Steinbachsennerin ihr Wildfleisch ungeschützt ins Freie hängte, um es dann zu Weihnachten auf den Festtagstisch zu bringen, hatten die Tiere längst vor dem Heiligen Abend ihren Weihnachtsschmaus. Und die Almleute hatten dann das hungrige Nachsehen. Statt auf die frechen Räuber zu fluchen und sich damit völlig den Appetit auf die köstliche Weihnacht zu nehmen, gab es statt Wild eben einen „Verheiratetenschmarren, den die Kinder sehr mochten, auch wenn es ein einfaches Armenessen war. Erdäpfel wurden in Mehl eingedreht und im heißen Fett herausgebacken. Dazu gab es, zwar nicht passend, aber vorrätig, Preiselbeeren, die eigentlich für den Wildbraten gedacht waren. „Da hobn holt a die Viecher a schöne Weihnacht ghabt, a die Mäus im Keller, die in den Zuckersack im Winter a Loch hineingfressen haben und dann is die Hölftn vom Zuckersack wieder ausgrunnan“, schmunzelt die Sennerin, die keinem Tier etwas zuleide getan hätte. Im Gegenteil: Die Tiere hatten auf der Alm „Familienanschluss“. So ist die Steinbach Betty am Heiligen Abend stets mit ihrem Mann am frühen Nachmittag zu den Schweinen, den Kühen und den Hühnern in den Stall gegangen und dort länger geblieben, als sie gebraucht hätten, nur um die Tiere zu füttern. „Das musste sein, denn wir gehören zu den Viechern, die aufgstanden san und plärrt haben, als würden s’ mit uns reden und Antwort geben. Da haben wir uns im Stall busselt und i hab gsagt, dass wir die glücklichsten Menschen sind.“ Zu lange durfte das „Glück“ im Stall aber nicht andauern, denn an manchen Wintertagen schneite es während der Zeit der Stallarbeit derart heftig, dass nach der Stallarbeit der Weg zurück in die Hütte abermals freigeschaufelt werden musste. Von der Holzhütte selbst ragte nach tagelangem Schneefall und heftigen Windböen oft nur das Dach oder ein Stück des Hauses heraus. Der Rest war unter den Schneemaßen versteckt, als würde der Winter seine ganze Macht demonstrieren. Da konnte man dann auch an das viele Holz vor der Hütte nicht herankommen, und so war einiges davon in weiser Voraussicht in der Stube und den Zimmern zum Heizen eingelagert worden. Und so wird auch klar, wie groß die Verantwortung der jungen Heizer war, deren schönstes Lob es war, von der Ziehmutter zu hören bekommen: „Mein Gott, haben wir es nicht schön, so bacherlwarm is es.“

Warm ums Herz wurde es der Steinbach Betty aber allemal bei der Betreuung ihrer Zöglinge, die sie in Obhut hatte. Das mit der „Obhut“ nahm die strenge Sennerin auch sehr ernst und gerade deshalb war der Schock so groß, als sie kurz vor Weihnachten um das Leben eines ihrer Zöglinge zitterte. Der Willi, der mit zwei anderen Buben und einem Mädchen auf der Alm war, hatte sich in der Nacht erbrochen. Das Erbrochene hatte eine eigentümlich rote Farbe, was wahrlich nicht Gutes bedeuten konnte. „I hob glaubt, der tuat Bluat spuckn.“

In panischer Angst packte Betty in aller Herrgottsfrüh den Buben und ging mit ihm den beschwerlichen Weg hinunter ins Tal, um dort einen Doktor zu holen, der von Möderbrugg nach Pusterwald kommen musste. Aufgeregt diagnostizierte die Sennerin beim Buben einen lebensgefährlichen Magendurchbruch, an dem der Arme sicher sterben müsste, wenn der Arzt sich nicht beeilte. Die Untersuchung schien eine Ewigkeit zu dauern. Doch dann kam der Arzt mit einem ironischen Lächeln auf die besorgte Ziehmutter zu. „Sagn S', haben Sie nix grochen, der Bua hat sich mit Rotwein angsoffn", konstatierte der Arzt, der in diesem Moment die leeren Kilometer wohl sehr bedauerte. Erleichtert, beschämt und auch verärgert machte sich die Sennerin nun mit ihrem noch immer angeduselten Ziehsohn wieder auf den Weg hinauf auf die Alm. Diesmal durfte sich der Willi jedoch nicht, wie beim Runtergehen, auf die Schultern seiner Ziehmutter stützen, die beim Raufgehen kein Wort mit dem Lausbuben sprach und sich insgeheim mehr über sich selbst als über den Buben ärgerte. „In meiner großen Aufregung habe ich gar nicht gerochen, dass das Rotwein war." Den Wein hatten die Steinbachs das ganze Jahr über im Haus, um die Gäste zu bewirten.

Mit Wein verbindet Betty Steinbach auch ihr außergewöhnlichstes und zu dieser Zeit wohl auch großzügigstes Weihnachtsgeschenk. „Wir konnten uns in der kargen Zeit kaum etwas schenken, weil die Einnahmen nicht so da warn. Socken oder a Schneuztiachl hob i für mein Mann ghabt. Als er mich gfragt hat, was i mir wünsch, hab i mit zögerlicher Stimme gsagt, ob er net die Schulden beim Weinhändler zahlen könnt! Das war dann mei Gschenk, mit dem i dann mit meinem südsteirischen Weinhändler Weihnachtsfriedn gschlossen hab."

Geschenke an sich müssen nicht kostspielig sein, um Freude zu bereiten, es kommt wohl eher auf das Schenken an. Das erlebte Betty Steinbach mit einem steirischen Christbaum, den sie auf

einer langen, mühevollen Reise nach Los Angeles brachte, wo ihre verheiratete Tochter mit ihren Kindern lebt. Die Tochter wünschte sich schon seit längerer Zeit in der Fremde wieder ähnliche Weihnachten, wie sie es als Kind auf der Alm erlebt hatte. Als Geschenk wurden ihre alten Kinderschuhe eingepackt, der alte Christbaumschmuck von den Urgroßeltern, die roten Mascherln und natürlich musste auch ein echter steirischer Christbaum her, der in alter Manier beim Nachbarn geholt wurde, weil dieser mit Abstand die schönsten Bäume hatte. Nun sollte der Reise in das Land der Plastikchristbäume und Lichterketten nichts mehr im Wege stehen.
Sollte, wäre da nicht jenes US-Gesetz, dass die Einfuhr landwirtschaftlicher Produkte – und dazu zählt eben auch ein Tannenbäumchen – verbietet. Leider hatte Betty in ihrer Naivität auch die Chance vertan, den Christbaum in eine Ledertasche zu packen, die einer Golfausstattung ähnelt, um so vielleicht leichter durch den Zoll zu kommen.
Statt dessen hatte sie den Baum lediglich in Zeitungspapier gewickelt und flog nun mit ihrem geschnürten „Christkind" in das Land der unbegrenzten Möglichkeiten, die sich schon in den ersten Minute ihres Aufenthalts am Zoll sehr begrenzt zeigten.
Der Zöllner blickte auf die längliche Zeitungsmumie, aus der die Reisigästchen wie kleine Hände herausragten, als würden sie wohlerzogen „Grüß Gott" sagen. Der Zöllner schüttelte den Kopf und wollte die internationale Zollangelenheit mit zwei, auch der Steirerin sehr geläufigen Worten abtun: „Not possible". Es sah sehr schlecht aus, dass der Christbaum das Weihnachtsfest der Liebsten verschönern konnte. Diese drückten gerade ihre Nasen an den Glasscheiben des Flughafens platt und hatten keinen blassen Schimmer, warum die Mutter und Oma gestikulierend mit den Zöllnern debattierte. Der Zöllner war schon etwas genervt und wollte die lästige Person rasch loswerden. Er schob den Christbaum barsch zur Seite und klatschte Betty Steinbach den noch geöffneten Reisepass in die Hand. Sie war am Boden zerstört und den Tränen nahe, doch vermochte sie beim dienst-

beflissenen Zöllner kein Erbarmen bewirken. Wo würde der Baum nun landen? Kam er in einen schwarzen Müllsack, und würde auf der Mülldeponie in Los Angeles landen. In solchen Momenten schwindet der Glaube an das Gute im Menschen, aber nicht ans Christkind, das höchstwahrscheinlich Bettys Blick auf den Stempel im Reisepass lenkte, den sie bei ihrem Abflug in Graz bekommen hatte. Das ansonst sehr blasse Schwarz der Stempeltinte machte den Namen „Graz“ plötzlich derart präsent, dass ihr wie aus heiterem Himmel die Idee kam, wie sie den Zöllner doch noch um den Finger, in diesem Fall um den Christbaum, wickeln könnte.

Der Zöllner schien eher nicht der sensible Typ zu sein, aber vielleicht war er ein Fan von Arnold Schwarzenegger? Man konnte es ja einmal probieren. Dieser Gedanke war ihr mit dem Blick auf den Stempel eingeschossen. Sie setzte ein charmantes Lächeln auf und erklärte in bestem „broken english“: „I am die Tant vom Arnold Schwarzenegger and he is waiting. This is my Christkindl for him.“ Und siehe da, das Zauberwort wirkte. Der Baum durfte einreisen und strahlte am Heiligen Abend mit seinen weißen Kerzen und den roten Mascherln als die schönste steirische Tanne in ganz Amerika, die sich sicher auch die „steirische Eiche“ Arnold Schwarzenegger gerne von seiner falschen Grazer Tante gewünscht hätte.

Peter Steinlechner

Engel müssen früher gehen

Der kleine Ort Mayrhofen im Zillertal lockte bereits in den fünfziger Jahren Gäste aus nah und fern in die Winterbeschaulichkeit der Tiroler Alpen. Peter Steinlechner, 1953 im Zillertal geboren, erinnert sich an die Idylle der noch nahezu unberührten Landschaft und ihre Beschaulichkeit. Es gab noch nicht einmal Gehsteige in Mayrhofen, kaum Autos und damit auch keine kilometerlangen Staus. Wintertouristen kamen auf Erholungsurlaub und nicht, um sich wie heute auch noch im Urlaub stressen zu lassen. Kein Kunstschnee rieselte auf Knopfdruck aus den Schneekanonen, sondern Schnee fiel in seiner natürlichen Pracht vom Himmel und bedeckte die Bäume, als hätte das Christkind lauter Christbäume gesetzt. Da sich der Autoverkehr noch in Grenzen hielt, durfte der Schnee zur Freude der Kinder auch auf den Straßen liegen bleiben. Und die Kinder nutzten die weiße Pracht, um die Dorfstraßen entlang zu rodeln. Doch inmitten all dieser Winterhetz gab es einen unwiderstehlichen Anziehungspunkt, der zum Innehalten veranlasste. Denn das Schaufenster des größten Greißlers verlockte besonders in den letzten Tagen vor Weihnachten stehen zu bleiben und die kleinen verfrorenen Nasen an die Auslagenscheibe zu drücken. Ein wahres Wunderland tat sich da vor den staunenden Augen auf. Auf der rechten Seite der Auslage saßen Puppen mit ihren prächtigen Kleidern und links gab's die „Bubenecke". Einmal war dort auch ein herrlicher roter Lastwagen aus Blech eingeparkt. Ein Spielzeugauto mit einer Fernsteuerung war natürlich der absolute Traum eines jeden kleinen und großen Buben. „Das Christkind weiß das sicherlich auch", war sich Peter sicher und teilte damit seinen Herzenswunsch mit den anderen Jungs in seiner Schlittenpartie. Immer wieder blieben die Kinder vor dem Schaufenster stehen, bis der knallrote Lastwagen eines Tages nicht mehr in der Ecke stand und ein brauner Brumm-Teddybär seinen Platz eingenommen hatte. „Da war ich mir felsenfest sicher, dass nun das Christkind hier für mich einkaufen war.“ Auch am Heiligen Abend, als der Bub mit seinem Vater rodeln ging, damit die Mutter in Ruhe den Christbaum schmücken konnte, erzählte er seinem Vater voll Stolz, dass ihn wohl das Christkind belauscht haben müsse, als er vor dem Schaufenster gestanden war, denn bald darauf sei eben der Lastwagen aus der Auslage verschwunden gewesen. Der Vater lächelte nur. „Die wenigen Stunden bis zur Bescherung waren dann für mich so furchtbar aufregend, ob ich nun wirklich der Auserwählte sein würde, der seinen Herzenswunsch vom Christkind erfüllt bekommen würde.“ Er ging in Erfüllung. Ein Weihnachtsgeschenk, das auf das spätere Leben Peter Steinlechners Einfluss haben sollte, bekam er mit sieben Jahren geschenkt, denn da fand er ein Kinderakkordeon unter dem Christbaum. Bei der Auswahl dieses Geschenks dürfte das Christkind wohl einen Hintergedanken gehabt haben. Musizierende Kinder boten für die Urlaubsgäste eine willkommene Zerstreuung. Die Familie Steinlechner vermietete im Sommer Zimmer an erholungssuchende Gäste, denen Peter dann ein Ständchen brachte.

Mit den Einkünften aus dem Fremdenverkehr, wie man damals noch sagte, konnten seine Eltern, der Vater war Arbeiter im Tauernkraftwerk und die Mutter stammte von einem Bauernhaus, die Schulden am Haus besser abbezahlen. Das Vermieten war aber auch mit Einschränkungen für die Familie verbunden, die in den Keller zog, während die Gäste die anderen Räumlichkeiten des Hauses benutzen.

Das Wohl der Gäste stand an erster Stelle. Denn wenn sie sich wohl fühlten, dann buchten sie schon bei ihrer Abreise für das kommende Jahr. Wann immer Gäste abreisten, stand der kleine Peter mit seinem Akkordeon – oft schon um fünf Uhr früh – in der Tür, um zum Abschied „Muss i denn zum Städtele hinaus“ zu spielen. „Mit der Zeit hatten wir dann nur mehr Stammgäste, auf die wir uns gefreut haben. Nicht nur deshalb, weil sie uns Geschenke mitbrachten. Ich habe eine Jugend gehabt, die ich jedem Jugendlichen auf dieser Welt nur wünschen kann, und da hat auch die Musik einiges dazu beigetragen."

Sein musikalisches Talent wurde auch von anderen erkannt und so durfte der kleine Musikus auch beim „Anklöpfln" mitmachen. Bei diesem Adventbrauch zogen – normalerweise nur gstandene – Männer, rustikal mit Wetterfleck und Lodenjanker gekleidet, musikalisch von Tür zu Tür, um an die Herbergsuche zu erinnern. Aber beim Peter machten die Klöpflsänger eine Ausnahme und schauten nicht auf das Alter des jungen Harmonikaspielers, sondern viel mehr auf sein Talent. Wenn man es so sehen will, war es für ihn die erste Tournee, wenn auch nur von Haus zu Haus in Mayrhofen. Von der Oma gab es dafür die selbstgemachten Filzdoggln (rustikale Filzschlüpfer), damit die Füße schön warm blieben. Von der Mutter gab es den Segen dazu und den Wunsch, dass man ihr Kind mit Zelten samt Butter belohnen würde und nicht mit Schnaps, der üblicherweise den Musikern zur Stärkung und Erwärmung angeboten wurde. An manchen kalten Winterabenden wurde das Anklöpfln fast zum Bußgang für das Kind. Während er brav in der Stube seine Hirtenlieder sang, schneite es draußen mitunter einen halben Meter vor die Tür. Liebend gerne wäre er da in der heimeligen Stube geblieben, doch die singenden Hirten des Alpenlandes mussten weiterziehen und der Peter stapfte verbissen wie ein Großer durch den Schnee. Die Harmonika wurde auf seinen Schultern bei jedem Schritt immer schwerer und drückte ihn noch tiefer in den Neuschnee.
Diese Zeit blieb Peter Steinlechner trotz mancher Unbill in guter Erinnerung und so pflegte er den Adventbrauch des „Anklöpflns" auch noch in seiner Schürzenjägerzeit. „Wir sind als Klöpflsinger zu jenen gfahren, wo wir unterm Jahr in den Gasthäusern und Vereinslokalen gspielt haben, was den Leuten viel Freude gmacht hat." Um diese Freude breitenwirksamer unters Volk zu bringen, nahmen die Zillertaler Schürzenjäger auch bald ihre eigenen Weihnachtsplatten auf, die noch heute

unter vielen Christbäumen für volkstümliche Stimmung sorgen. Die Aufnahmen jener weihnachtlichen Platten allerdings erfolgten im Hochsommer. Doch wie sollte es gelingen, bei 30 Grad Celsius in Weihnachtsstimmung zu kommen? „Ich bin kurz vorher beim Pfarrer vorbeigerannt, um an Weihrauch zu holen, dann haben wir 's Aufnahmestudio ganz dunkel gmacht, Kerzen angezündet und den Duft des Weihrauchs a bisserl wirken lassen – und schon habn wir fast des Gfühl ghabt, als wär Heiligabend, a wenn draußen die Bauern mit dem Heuarbeiten beschäftigt warn“, gesteht der Vollblutmusiker, der vom Herrgott das Talent und vom Christkind stets die passenden Instrumente geschenkt bekommen hat. War es zuerst das Akkordeon, war es später eine E-Gitarre, die er als 14-Jähriger unter dem Christbaum gefunden hat.

Und das war in der Zeit der Beatles und der Rolling Stones nicht die einzige Revolution im Zillertal. Mitte der sechziger Jahre hielt auch das Fernsehen Einzug ins Zillertal und in den ersten Haushalten fand man bereits ein Fernsehgerät. Doch der Empfang im engen Tal ließ zu wünschen übrig. Steinlechner senior wusste Abhilfe. Damit die Bilder im Kastl auch laufen lernen konnten, erschloss er das Zillertal mit zahlreichen Umsetzern auf den Bergen und in den Tälern. Der technisch versierte Bergsteiger baute privat die ersten Sender, die er auch über Jahre hinweg betreute. Als nun am Heiligen Abend des Jahres 1967 die ersten Bilder über den kleinen Schwarzweiß-Fernseher der Familie flimmerten, waren alle stolz auf ihr telegeniales Christkindl. Genüsslicher als sonst ließ sich die Großfamilie das traditionelle Weihnachtsessen schmecken: Kasslerschinken mit Kraut und Erdäpfel.

Weihnachten war aber nicht nur kulinarisch etwas Besonderes. Mit Beginn der Winterzeit war es für die Familie mit dem Leben im Keller vorbei und sie nahm wieder ihre Räume im Haus in Besitz. Auch wenn's nun wieder mehr Platz gab, in der Weihnachtszeit herrschte trotzdem oft ein Gedränge. Denn von den Urgroßeltern bis zum Großonkel kamen alle Steinlechners am

Heiligen Abend zusammen. „Oft waren wir 14 Leute am Tisch“, trauert Peter Steinlechner dieser Zeit der launigen Gespräche und des heiteren Zuhörens nach. Im Mittelpunkt des Geschehens war stets Anna Steinlechner, Peters Ehefrau und Mutter seiner Töchter Petra und Anita. Sie kümmerte sich um alles und alle. Kinder, Haushalt, Fremdenpension und auch um die Finanzen. „Ich hab bei ihr mein Taschengeld geholt, weil ich ihr mein ganzes Geld abgeliefert hatte“, gesteht der Sänger und Musiker, der weder in der Erziehung noch im Haushalt mithalf. „Die Kinder sind damit aufgwachsen, dass ihr Papa entweder Dienst machte, schlief oder musizierte.“ Um nichts hatte sich der Hausherr kümmern müssen, auch das Christkindl erledigte die energische Frau, die jedoch selbst nicht viele Weihnachtsfeste erleben durfte. Mit 36 Jahren erlag Anna Steinlechner einem Herzinfarkt. „Mit dem Verlust meiner Frau hat auch das Weihnachtsfest nicht mehr geglitzert. Da hat nichts mehr so besonders gerochen, aus dem Heiligen Abend ist für mich und für die Kinder ein trauriger Tag geworden. Weihnachten ist einfach ein Familienfest und wenn das Zentrum der Familie weg ist, dann kann es nicht mehr das sein, was es einmal war. Es gibt eben Dinge im Leben, die werden sich nie ändern“, sinniert Peter Steinlechner, der trotz seiner Trauer wohl aus Rücksicht auf die Familie das Beste aus dem Weihnachtsfest zu machen versuchte. Der Heilige Abend verlief nun nach einem anderen Schema. Nach dem Essen kam die Bescherung und danach fuhr der Vater mit seinen zwei Töchtern auf den Friedhof. „Du stehst da vor dem Grab und alles erstickt in dieser unendlichen Trauer. Wie ich zuhaus war und die Kinder zu Bett gingen, hab ich mir ein bisserl Alkohol gegönnt und hab mi dann zum Schlafn hinglegt.“

Zehn Jahre sollte es dauern, bis Peter Steinlechner wieder Weihnachten mit dem Duft der Kerzen riechen und im Strahlen von Kinderaugen spüren konnte. „Ich habe das Glück, dass ich mit meiner Enkeltochter Anna zurückgefunden habe. Wichtig war es, dass man es realistisch sieht und sich nicht der Nostalgie hingibt. Ich hab erfahren, dass nichts so negativ sein kann, dass nicht auch etwas Positives dran ist. Das war für mich wichtig und so schmerzlich es auch war, es war ein großer Einschnitt in meinem Leben. Man muss es verkraften und das Beste daraus machen. Die Natur zeigt uns, dass wir geboren sind, um zu sterben. Engel müssen meistens früher gehen, weil sie vom Vorleben so ein gutes Karma mitbringen und deshalb die Welt net so lang ertragen müssen. Sie haben das Glück, früher gehen zu können und so sollte man es auch sehen."

Einen Weihnachtstraum will sich Peter Steinlechner noch in diesem Leben erfüllen, nämlich Weihnachten mit seinen beiden Töchtern in Kanada zu feiern. „Heimat ist für mich dort, wo ich glücklich bin und Freunde habe", philosophiert Steinlechner, der den Amerikanern in ihrer Art, grelle und schrille Weihnachten zu feiern, um nichts nachstehen möchte. „Ich möchte zu Weihnachten gerne wieder zum Kind werden, mir große beleuchtete Rentiere in den Garten stellen, das Haus mit langen blinkenden Weihnachtsketten einfassen und Lichter runterhängen lassen. Ich find es traurig, dass sich die Leute die Stimmung durch Hektik derart vermiesen lassen und net auf das harmonische Beisammensein schauen, des eigentlich das Wichtigste an diesem Fest is. Einfach Weihnachten so feiern, als würde es das letzte Mal sein."

Barbara Stöckl

Zur Weihnachtszeit immer Kind bleiben

„Heuer ist das Moos buschiger gwachsen, als sonst, da wird sich die Heilige Familie freuen", strahlte die Großmutter ihre Enkelin an, als sie ihren Garten für die kalten Monate winterdicht machten. Die warmen Sonnenstrahlen der letzten Oktobertage trogen, schon bald sollte der Winter die Natur zum Schlafen betten.

Das ausgestochene Moos wurde behutsam in ein Körbchen gelegt, um es für die Weihnachtskrippe aufzubewahren. Die Großmutter besaß eine sehr kostbare Krippe mit kunstvoll geschnitzten Figuren, die alles Übliche sowohl in der Größe als auch in der bizarren Bearbeitung übertraf. Darum musste natürlich auch ein entsprechendes Ambiente geschaffen werden, wenn die Krippe aufgebaut wurde, und dafür brauchte man das Moos, das zwar nicht mehr das frische Grün des Oktobers hatte, aber immer noch samtweich genug war, um dem Jesuskind und den heraneilenden Königen eine standesgemäße Unterlage für ihre Unterkunft zu geben. „Wenn die Krippe aufgestellt war, war für mich klar, dass nun Weihnachten naht", bemerkt Barbara Stöckl, für die Omas Krippe und ihr dickes altes Buch unzertrennlich zu den Weihnachtserinnerungen gehören. „Die ganze Herrlichkeit steht mir noch heute vor den Augen."

Das zweite untrügliche Indiz für die herannahende Weihnachtszeit war Großmutters Buch, das auf einem kleinen Tisch, der mit selbst gehäkelten Weihnachtsdeckchen dekoriert war, bereitlag. Aus diesem Geschichts- und Märchenbuch konnte nur die Großmutter vorlesen, denn das Geschriebene war in Kurrentschrift verfasst. Ihre Enkel setzten sich meist schon erwartungsvoll um das Tischchen und den samtgepolsterten Lehnsessel, sodass die Großmutter gar nicht anders konnte, als sich die Zeit für eine gemeinsame Reise in eine Welt zu nehmen, wo das Gute immer das Schlechte besiegt. Die Kinder liebten es, wenn ihnen

die Großmutter schaurige, lustige und abenteuerliche Geschichten vorlas. In den Vormittagsstunden des Weihnachtstages wurden die hinterlistigen Geister, durchtriebenen Zauberer und verschlagenen Trolle vorsorglich ausgespart. Stattdessen tummelten sich in den Geschichten die Engel und das Christkind. Die Großmutter war eine Meisterin im Vorlesen. Sie las mit Mund und Händen, mit impulsiver Gestik und theatralischer Mimik, dass die Kinder die Engelsgestalten geradezu vor Augen aufblitzen sahen.
Meist war die Lesestunden viel zu schnell vorbei, wenn die Großmutter das dicke alte Buch mit einem dumpfen Knall schloss. Aber das Nachfolgeprogramm war für die Kleinen nicht minder unterhaltsam. „Raus geht's in den Schnee!“, rief die Großmutter, die sich auf die klare reine Luft des kalten Wintertages freute. „Damals schneite es noch am Heiligen Abend und ich bin unermüdlich mit meinen Geschwistern durch den Schnee gestapft, bis es dunkel wurde“, erzählt Barbara Stöckl von ihrer Kinderweihnacht. Es machte Spaß, durch den frischen Schnee zu tollen und erste Spuren in das jungfräuliche Weiß zu ziehen. Der Schnee machte die Großstadt auch viel ruhiger und Weihnachten daher auch hörbar zum stillen Fest des Jahres. Das Knirschen des Schnees im großen Vorgarten wurde selten von den wenigen Autos übertönt, die sich in den 17. Bezirk verirrten. Es war Weihnachten und es war Winter in der Großstadt. Das waren damals noch triftige Gründe, den Fahrzeugen auch die heilige Ruh zu gönnen.
Mit dem Dunkelwerden wurde es heller im Haus. In die Fenster stellte man Kerzen für die Verstorbenen. Für die Kinder war das ein Zeichen, dass nun bald das Christkind zur Bescherung läuten würde. „Das mit den Kerzen mache ich nun selbst. Verbunden mit einem liebevollen Gedanken an die Verstorbenen in meiner Familie, an die ich gerade zu Weihnachten denke, was sie mir für meine persönliche Weihnacht, für mein Leben und für meine Familie mitgegeben haben. Tot ist nur, wer vergessen ist.“

Neben den übernommenen weihnachtlichen Ritualen gibt es für Barbara Stöckl noch ein Prinzip: „Mich bringt niemand dazu, den Christbaum zu schmücken. Denn ich will noch immer darauf warten, dass nach dem Läuten die Tür aufgeht und ich staunen darf. Ich mag zu Weihnachten Kind bleiben und das wird sich Zeit meines Lebens auch nicht ändern, damit ich mir das Staunen und die Überraschung bewahren kann“, schmunzelt Barbara Stöckl, die stets in großer Familie das Weihnachtsfest feierte. „Meine Kindheitserinnerungen sind von der Wärme geprägt, die von der Familie ausging. Ich könnte mir auch gar nicht vorstellen, zu Weihnachten wegzufahren oder in die Ferne zu fliegen, das könnt ich einfach nicht. Da bin ich ein zu sehr verwurzelter Mensch.“ Einer der vielen Menschen, der die gefragte Moderatorin jeder noch so großen Verlockung widerstehen lässt, doch einmal der Großstadt zu entfliehen, ist die Patentante Brigitte. „Sie hat den schönsten Christbaum der Welt, und sie hat die Gabe, Geschenke so wunderbar zu verpacken, als würden sie Geschichten erzählen.“

Natürlich gehören zu einem richtigen Weihnachtsfest auch die entsprechenden kulinarischen Gaumenfreuden. Darum ist Barbara in Kinderjahren schon mit der Straßenbahn ans andere Ende von Wien gefahren, um bei Nuss- und Mohnstrudel und Früchtetee Weihnachten mit allen Sinnen aufzukosten. Das tut sie auch am Stefanietag bei ihrem Onkel, der wiederum über ein ausgeprägtes organisatorisches und gastronomisches Talent verfügt. „Er kocht alleine für 26 Leute, die sich hungrig am Weihnachtstisch versammeln. Dass er das schafft, ist für mich eine Sensation.“

Dass aber gerade ein Festtagsmenü bzw. seine Zubereitung auch so seine Tücken haben kann, kann Barbara nur bestätigen, wenn sie an jenen Heiligen Abend denkt, an dem der Weihnachtskarpfen fröhlich vor sich hin kohlte. Es war jedes Jahr das Gleiche, wenn der Wettlauf begann, wer wohl früher kommen würde – das Christkind durchs Fenster oder der Karpfen aus dem Backrohr? „Es hatte eine gewisse loriotmäßige Komponente, wenn es zu diesem Wettlauf um die Geschenke und dem Weihnachtskarpfen gekommen ist“, weiß Barbara Stöckl. Irgendwie war das Timing nicht sehr perfekt. Meist musste sich der Weihnachtskarpfen geschlagen geben, der gerade dann gar war, wenn die Geschenke verheißungsvoll unter dem Christbaum lagen. Natürlich waren vor allem für die Kinder die Päckchen wesentlich interessanter als der Gedanke ans Essen. Blöd war nur, wenn sich sogar die Mutter von der allgemeinen Aufregung anstecken ließ und auf den Karpfen im Rohr vergaß, der sich an jenem Abend allerdings bald durch seinen Brikettgeruch bemerkbar machte.

Es kommt nicht immer auf den materiellen Wert eines Geschenkes an, um für den Beschenkten von großer Bedeutung zu sein, sondern oft sind gerade Kleinigkeiten unvergesslich. So war für die junge Barbara das Buch „Weißer Rausch“ von Dieter Seefranz, das mit Widmung unterm Christbaum lag, eine sehr große Freude. Für das Christkind war es anscheinend ein Leichtes gewesen, den populären Fernsehmann um ein paar persönliche Worte für die Jugendliche zu bitten: „Für Barbara – vielleicht eine angehende Sportreporterin – Dieter Seefranz“. Barbara war ein Riesenfan von Dieter Seefranz und träumte davon, auch eines Tages selbst Sportreporterin zu sein.
Aber auch der Radiorecorder war ein wundervolles Geschenk, mit dem sie die große weite Welt in das kleine Kinderzimmer holen konnte, in dem sich die vier Geschwister die zwei Stockbetten teilten. „Wir sind sehr eng miteinander aufgewachsen. Haben uns gegenseitig in vorbildlicher Großmuttermanier Geschichten erzählt, Lieder gesungen und viel miteinander geredet. Es ist sehr prägend, wenn man als eines von fünf Geschwistern auf engstem Raum aufwächst. Und ich kann sagen, das, was ich heute bin, hat viel mit meinen Geschwistern zu tun.“ Das Radio allerdings wollte sie nicht mit den drei Schwestern und dem Bruder teilen. „Ich habe das Radio immer unter die Decke

mitgenommen und dann über die Antenne den Draht nach draußen geholt. Ich hab das Weihnachtsgeschenk gehütet wie ein Schatz, vielleicht funktioniert es deswegen auch heute noch“, mutmaßt Barbara.

Die Medienwelt schließlich wurde nach einem Mathematikstudium auch Barbaras Berufswelt. Als Fernsehmoderatorin ist sie vielen Zuschauerinnen und Zuschauern vor allem auch am Heiligen Abend vertraut, wenn sie für „Licht ins Dunkel“ arbeitet. Sie tut es gern, denn die Stimmung in den hochtechnisierten Fernsehstudios ist zu Weihnachten eine andere. Es liegt viel mehr Freude und Herzlichkeit in der Luft, auch wenn der improvisierte Ablaufplan der mehrstündigen Sendung doch mehr Stress mit sich bringt, als jede andere Sendung unterm Jahr. War es zu Beginn von „Licht ins Dunkel“ die Moderationstätigkeit, mit der sie sich in den Dienst der guten Sache stellte, so sitzt sie heute für einige Stunden am Spendentelefon, um in ihrem Fall auch den beherzten Dienst am Mitmenschen zu machen. „Wenn man allein durch die Anwesenheit oder durch ein persönliches Gespräch Menschen Freude bereiten kann, dann ist es für mich eine Selbstverständlichkeit, es auch zu tun. Ich hatte im letzten Jahr eine alte Frau am Telefon, die bitterlich ihre Einsamkeit beweinte. Ich hab zu ihr gesagt, dass sie nicht einsam ist, dass ich an sie denke und für sie am Abend eine Kerze anzünde. Ich habe eine ganze Stunde mir ihr geplaudert und am Ende unseres Gespräches hat sie glücklich geklungen. Ich bin für die Leute da, höre ihnen zu, denn da geht es mir nicht gleich um Name und Adresse für den Spendenerlagschein. Der Mensch am anderen Ende der Leitung soll primär bedacht werden“, beurteilt Barbara Stöckl ihre karitative Arbeit am Heiligen Abend, die sie auch zu krebskranken Kindern führt, denen sie Weihnachtsgeschichten vorliest, und ins Hospizspital, wo sie mit den Patienten tiefe Minuten der weihnachtlichen Besinnung erlebt. „Wenn ich dann rausgehe, schaue ich zum Himmel und sage – Danke schön lieber Gott, dass ich es so gut erwischt habe. Dass ich in einer gewissen Art und Weise dieses geschenkte Glück wieder zurückgebe, halte ich für eine große Selbstverständlichkeit und Verpflichtung. Das macht für mich auch Weihnachten aus. Man muss sein Weihnachten durch kleine Momente im Leben wiederfinden, sich die ruhige und nachdenkliche Note der Weihnachtszeit einfach wieder schaffen, ob im Krankenhaus mit Menschen, die wissen, dass sie nicht mehr lange leben oder in Form eines Adventkalenders, den ich von den Kindern meines Bruders bekommen hab. In jedem der 24 Fensterln war ein persönlicher Wunsch für mich drinnen, der mich fast jeden Tag zu Tränen gerührt hat", gesteht Barbara Stöckl, die aber auch zugibt, dass es in ihrem Leben auch Phasen gegeben hat, wo sie auch in Stress und Hektik die Weihnachtsstimmung verloren hat.

Die Adventzeit jedoch bietet einige Rituale, um diesem Weihnachtszauber wieder auf die Spur zu kommen. Mut und Muse gehören dazu, sich vielleicht einen Abend alleine hinzusetzen, keinen Fernseher oder kein Radio laufen zu lassen, nichts zu lesen, sondern nur in sich hineinzuhören. „Man wird staunen, was man da in sich findet. Antworten darauf, ob das Leben so ist, wie man es wollte, wie man es sich als Kind erträumte, oder ob Entscheidungen im Leben notwendig sind. Also Weihnachten kann dir selbst ganz schön helfen! Vor allem dann", lacht Barbara Stöckl, „wenn du nie erwachsen werden willst, um den Christbaum nicht schmücken zu müssen!"

Helmut Zilk

Es muss das Böse geben, um das Gute zu erkennen

Weihnachten ist dasjenige der kirchlichen Feste, dem die meiste mystische Kraft innewohnt und das die meisten Menschen erreicht. Das Christkind kehrt in viele Herzen und Häuser ein. So auch in die Wohnung der Familie Zilk, Anfang der dreißiger Jahre, als schon eine ganze Woche vor dem Heiligen Abend alles für die Ankunft des himmlischen Wesens bereitet wurde. Die Wohnung bot mit drei Zimmern, einem Vorzimmer und einer geräumigen Wohnküche auch genug Platz. Zu gerne hätte Helmut sein Zimmer mit dem willkommenen Gast geteilt, denn er musste in der letzten Adventwoche stets in die Wohnküche ziehen, wo ein Notbett für ihn vorbereitet wurde. Das Bett stand unterm Jahr zugeklappt in der Ecke, doch nun diente es dem Jungen als Schlafstätte, denn er durfte auf Anweisung der Mutter keinen der anderen Räume mehr betreten, um den geheimnisvollen Gast nicht zu erschrecken. Helmut Zilk erinnert sich gerne an diese „Vertreibung aus seinem Kinderparadies". „Das Schlafen in der Küche war wunderbar, weil es etwas Abenteuerliches hatte. Da konnte ich lesen, solange ich wollte und das war schon sehr außergewöhnlich, da der übliche Rhythmus der Schlafdisziplin aufgehoben wurde. Es hat sich auch später nichts daran geändert, dass ich in der Vorweihnachtszeit in der Küche schlafen musste, auch als ich schon alles durchschaut hatte."

Als Entschädigung für dieses „Exil" gab es „den schönsten Christbaum, der überhaupt in ganz Wien aufgetrieben werden konnte". Dafür scheuten seine Eltern auch keine Mühe und suchten auf den damals noch spärlichen Wiener Christbaummärkten so lange, bis sie den richtigen Baum gefunden hatten. Nicht nur von edler Herkunft, sondern auch von stattlicher Natur musste der Christbaum sein, dessen oberste Tannenspitze stets den Plafond des Zimmers berührte. Dem Baum wurde jedes Jahr ein

neues glitzerndes Kleid angelegt. Einmal in Silber, dann wieder rot, blau und gelb. Der strahlende Christbaum war etwas Besonderes für den Buben, der für ihn so ein schönes Geschenk darstellte, dass er sich gar nichts anderes wünschte. Außer vielleicht, dass die Weihnachtstage nach der beschaulichen Feier am Heiligen Abend so turbulent und lustig wurden wie immer.
Denn in der Familie Zilk war es üblich, dass man Feste feierte – und Weihnachten ganz besonders. Für viele, die mit den Zilks verwandt und befreundet waren, war die Langegasse 16 am Christtag die beste Adresse Wiens, um Weihnachten kulinarisch auszukosten. Oft waren an die 35 Leute zwischen Vorraum und Schlafzimmer versammelt, die alle von der Mutter bekocht wurden. „Die Vorbereitungen auf diese festliche Ausspeisung haben für meine Mutter schon Wochen vorher begonnen", sagt Zilk. „Alles wurde von ihr selbst gemacht, auch die Süßigkeiten für die Kinder, für die sie auch noch die Lieblingsspeisen zubereitete. Für mich gab es eigens einen Mayonnaisesalat, der geschmacklich zwar nicht unbedingt zum Rindsbraten in Rotweinsauce passte, aber trotzdem die Freude auf Weihnachten unheimlich intensivierte."
Im Laufe der späteren Jahre konnte sich Helmut Zilk als ORF-Direktor und später als Wiener Bürgermeister kaum der vielen Einladungen zu Weihnachtsfeiern erwehren. Helmut Zilk wurde zu exklusiven Essen, wurde zu Champagner und Kaviar eingeladen, doch sein Herz – oder besser gesagt sein Magen – hing an weitaus bodenständigeren Gerichten. Wer dies wusste und den prominenten Gast mit seinen Lieblingsspeisen köderte, konnte sicher sein, dass er auch kommen würde. Drum ließ Helmut Zilk auch die Weihnachtsfeier der ORF-Bühnentechniker und Kulissenbauer nicht gerne aus. „Die haben in ihren Reihen einen Hobbykoch gehabt, der hat den besten Mayonnaisesalat von ganz Wien machen können, dazu a herrliches Wienerschnitzel," schwärmt er heute noch.
Aber natürlich gibt es nicht nur Erinnerungen an Weihnachtsfeste mit wohl gefüllten Tellern, sondern auch an Leid und Hun-

ger. Es war im Jahr 1946, als Helmut Zilk im letzten Jahr seiner Lehrerausbildung stand. Die meisten Lehrer waren noch in Kriegsgefangenschaft oder verwundet. So wurde der 19-Jährige als Schulhelfer in einer Volksschule eingesetzt. Viele der 50 Buben, die er unterrichtete, waren Flüchtlingskinder. Sie waren Kinder des Hungers, Kinder auf der Flucht, die körperlich und seelisch verwundet waren. Man brauchte nur in ihre Augen zu sehen, um nachzufühlen, was sie in den letzten Monaten des Krieges hatten mitmachen müssen, wo ihnen alles genommen worden war, auch die Möglichkeit, einmal am Tag satt zu werden.

Der junge Lehrer wollte den Kindern ein besonders schönes Weihnachtsfest bereiten, auch wenn das Klassenzimmer einen traurigen Eindruck machte. Es war düster im Klassenraum, die Fenster war notdürftig mit Pappendeckel verklebt. Am schäbigen Lehrertisch brannte eine Kerze, die den großen Raum zwar nicht erhellen vermochte, aber doch in die Herzen der Kleinen strahlte. Der angehende Lehrer las Gedichte vor, sang mit den Kindern Weihnachtslieder und ließ sie für einige Zeit den Kummer vergessen. Dann verließ er kurz den Klassenraum, um mit einigen Paketen zurückzukehren. Die Amerikaner hatten Milchpulver gespendet, das er nun gut mit Wasser verrührte. „Ich bemühte mich besonders, das Pulver so gut zu verrühren, dass sich oben ein Schaum bildete. Dieser Schaum war sehr beliebt bei den Kindern“, entsinnt sich Zilk. Dann kam der Moment, auf den alle gewartet hatten. Jeder Schüler bekam eine Delikatesse: ein Glas Milch mit ein wenig Schaum obendrauf.

Auch Dagmar Koller, die spätere Ehefrau von Helmut Zilk, wuchs in sehr bescheidenen Verhältnissen auf. Ihre alleinerziehende Mutter musste stets viel arbeiten, um ihren beiden Kindern ein bescheidenes Leben zu ermöglichen. Das Geld für den Christbaum legte sie sich schon lange vor Weihnachten auf die Seite, für großartige Geschenke wie Spielzeug reichte das karge Einkommen nicht mehr. Doch es kam auch ein Weihnachtsfest, an dem ein wunderbares Geschenk, ein nagelneuer Mantel, für Dagmar unter dem Christbaum lag. Die Freude war riesengroß, aber sie währte nur kurz. Der Christbaum fing Feuer und musste in aller Eile gelöscht werden. Der Bruder ergriff den Mantel, um damit die Flammen zu ersticken. An fast alles war bei den Vorbereitungen für das Weihnachtsfest gedacht worden, außer an einen Kübel Wasser, der den Schaden in Grenzen gehalten hätte. So musste Dagmar mit ansehen, wie ihr schöner neuer Mantel zum Löschgerät umfunktioniert und ruiniert wurde.

Der bewegendsten Weihnacht im Leben des Wiener Altbürgermeisters ging im Jahr 1993 eine Serie von Briefbombenanschlägen voraus, deren Opfer er wurde. Just an einem 5. Dezember, dem Krampustag, an dem finstere Gestalten das Böse symbolisieren, bekam Helmut Zilk nach seiner Rückkehr von einem Kurzbesuch in der Schweiz drei Mappen mit Schriftstücken, die eingelangt waren und bearbeitet werden sollten. In einer der Mappen, die seine Privatpost enthielt, lag ein teuflischer Brief, der ihm, als er ihn zuhause öffnen wollte, die linke Hand zerfetzte.
„Der Krach war so laut, dass ich geglaubt hab, das Haus stürzt ein, und dann hörte ich einen Schrei, den ich mein ganzes Leben nicht vergessen werde", erinnert sich Dagmar Koller an die dunkelste Stunde in ihrem gemeinsamen Leben mit Helmut Zilk. Auf dem Weg ins Krankenhaus musste der lebensgefährlich Verletzte mehrmals reanimiert werden, weil er sehr viel Blut verloren hatte. Auch während der mehrstündigen Operationen hing sein Leben an einem seidenen Faden. Doch schon nach einer Woche gab Helmut Zilk eine berührende Pressekonferenz, in der er die Öffentlichkeit an seinem persönlichen Weihnachtswunder der raschen Genesung teilnehmen ließ. „Mein Leben ist in Gottes Hand," sprach Zilk in die Livekameras. Er wusste, wie geschockt Österreich in dieser Vorweihnachtszeit war, in der ein Irrer das Land terrorisierte und die Menschen in Atem hielt. „Es ist nicht einfach, wenn du am Ende deines Lebens ein Krüppel

bist. Aber es ist gut für einen Politiker, das mitzuerleben, denn ich habe in diesen Tagen mehr gelernt, als in meinem ganzen bisherigen Leben. Man darf den Mut nicht verlieren, es gibt Furchtbareres als ein paar Finger zu verlieren." Während er dies sagte, zog er ein Kreuz hervor, das er in die Kameras hielt. Ganz Österreich nahm betroffen und gerührt an seinem Weihnachtswunder teil.

Den Heiligen Abend verbrachte Zilk im Krankenhaus. „Ich konnte damals weniger geben, weil ich war ja gerade wieder von den Halbtoten auferstanden. Dafür habe ich sehr viel in dieser innigen Nähe zu den Menschen empfangen, die sich um mich kümmerten." Mit einem Glas Wein stießen er und Dagmar Koller auf das Leben und auf Weihnachten an und blickten gemeinsam auf die Lichter der Stadt, die wie die Kerzen eines Christbaumes durch das Fenster schimmerten.

Und da musste er auch an seine Mutter denken, die selbst in der kargen und harten Kriegszeit ein friedvolles Weihnachtsfest zu feiern wusste. „Sie hat immer gesagt, dass gerade in den schlechten Zeiten Weihnachten genau so wichtig sei, wie das Wohlwollen des lieben Gottes, und dass man den Frieden in sich selbst suchen und auch finden müsste."

Den Glauben an das Christkind, also an das Gute im Leben, konnte Helmut Zilk auch in dieser schweren Zeit keiner nehmen. „Ich glaube, dass es das Böse geben muss, um das Gute zu erkennen, um an sich selbst zu arbeiten, damit man dem Bösen entgegenwirken kann", zieht er seine persönlichen Schlüsse aus den Ereignissen des 5. Dezembers – jenes Tages, an dem vielen das Fürchten gelehrt wird. Für Helmut Zilk ist dieser Tag aber auch ein Freudentag, an dem zum zweiten Mal Geburtstag gefeiert wird – natürlich mit einer großen Portion Mayonnaisesalat als Einstimmung auf die kommende Weihnachtszeit ...